もくじと学習の記録

本書に関する最新情報は，当社ホームページにある**本書の「サポート情報」**をご覧ください。（開設していない場合もございます。）

1 言葉の意味

標準クラス

答え▼別さつ1ページ

1 国語辞典《じてん》で「上がる」の意味を調べたところ、次の①〜⑧の意味がありました。あとの短文はどの意味で書かれていますか。番号で答えなさい。

あがる【上が・る】動詞《どうし》 ①低《ひく》いところから高いところへうつる。例《れい》二階に上がる。②水の中から出る。例川から上がる。③ねだんや地位《ちい》が高くなる。例ノートが二十円上がる。④うで前などがよくなる。例料理《りょうり》のうでが上がる。⑤学校などに入る。例中学校に上がる。⑥きんちょうして、ぼうっとなる。例ステージの上で上がってしまう。⑦よい結果《けっか》が出る。例成果《せいか》が上がる。⑧ものごとが終わる。例今日の仕事が上がる。

(1) 体が冷《ひ》えたのでプールから上がる。（　　）
(2) 高いビルの屋上に上がる。（　　）
(3) 係長から課長《かちょう》に上がる。（　　）
(4) 人前に出て話すことになり、上がる。（　　）
(5) 昼すぎには雨も上がる。（　　）
(6) 四月から弟は小学校に上がる。（　　）
(7) 研究を重ねて薬のこう果《か》が上がる。（　　）
(8) お習字のうでが上がる。（　　）

2 「頭」という言葉の意味である①〜⑥にあてはまる短文を、あとのア〜カから選《えら》び、記号で答えなさい。

① 人や動物の首から上の部分。（　　）
② 物の一番上の部分。（　　）
③ 物ごとの一番はじめ。（　　）
④ かみの毛のこと。（　　）
⑤ ものを考える力。（　　）
⑥ 人数。（　　）

ア そろそろ頭をかりに、とこ屋へ行こう。
イ くぎの頭をかなづちでたたく。
ウ 立ち上がったら、頭をてんじょうにぶつけた。
エ 面白いえい画だったので、頭から見直した。
オ 遠足に行く子の頭数をそろえる。
カ あの人は新しい発想にあふれ、頭がやわらかい。

3 ①・②の「たつ」という言葉の意味にあてはまる短文を、例にならって書きなさい。

① 人や物がまっすぐたてになる。例校庭に旗《はた》がたつ。
（　　）

② 出発する。例 八時に京都をたつ。（　　）

4 次の意味で使われているものをそれぞれの中からすべて選び、記号で答えなさい。

(1) 手→人数の意味　（　　）
ア 仕事が多くて、わたしたちだけでは手が足りません。
イ そんなときには、とっておきの、あの手を使えばいいのです。
ウ いろいろやってみたが、もうつくす手はありません。

(2) はずむ→うれしくなる意味　（　　）
ア おじさんは、進級いわいに、グローブをはずんでくれた。
イ 百点をとったという石田くんの声がはずんでいた。
ウ はずむボールは、なかなかつかまえられない。

(3) 晴れる→さわやかになる　（　　）
ア 今日は雨がふっているが、あすは晴れるだろう。
イ お母さんの病気がなおれば、心も晴れるだろう。
ウ 晴れる日もあれば、くもる日もある。人の心はそうしたものだ。

5 次の①～⑤は、それぞれ下のどの言葉の意味ですか。――線でつなぎなさい。

① ものごとのきっかけ、おこり　・　　・回転
② くるくると、回ること　・　　・動機《どうき》
③ けしきや、ならわしを見て歩くこと　・　　・観光《かんこう》
④ ものごとにいるお金のこと　・　　・画家
⑤ 絵をかくことを仕事にしている人　・　　・費用《ひよう》

6 次の文の（　）にあてはまる熟語《じゅくご》をあとから選び、記号で答えなさい。

(1) 夕方、母にたのまれて（　　）へ買い物に行った。
(2) 花と虫は、深い（　　）を持っている。
(3) 絵をかくときは（　　）を考えることが大切だ。
(4) 家具をおく（　　）を考える。

ア 注意　イ 位置《いち》　ウ 市場　エ 関係《かんけい》
オ 遠近　カ 会話

7 次の――線の言葉の使い方が正しいものはどれですか。その記号をすべて選びなさい。（　　）

ア 春の海は、波も風もなくて、おだやかでした。
イ ビルディングのならぶ電車通りに、まぎれこんだちょうが一ぴきだけ、ひらひらと飛《と》んでいました。
ウ 給食《きゅうしょく》がすむと、子どもたちはてんでにそろって遊びに行きました。

1 言葉の意味

ハイクラス

時間	30分
合かく	80点
とく点	点

答え▼別さつ1ページ

1 国語辞典《じてん》で「重い」の意味を調べたところ、次の①～⑥の意味がありました。あとの短文での意味はどれにあたりますか。番号で答えなさい。（9点／一つ3点）

おもい〔重い〕①目方が多い。②大切だ。重要《じゅうよう》だ。③尊《とうと》い。身分が高い。④程度《ていど》がはなはだしい。⑤気持ちがはればれしない。⑥落ち着いている。

(1) 試合《しあい》に負けて、重い足どりで帰った。（　　）
(2) 人望《じんぼう》があり、会社で重い役につく。（　　）
(3) ゆだんをして、病気がよけいに重くなった。（　　）

〈三重大附中〉

2 次の――線の反対の意味を持つ言葉を書きなさい。（14点／一つ2点）

(1) 高い品物↔（　　）品物
(2) 細いひも↔（　　）ひも
(3) ひもをむすぶ↔ひもを（　　）
(4) セーターがのびる↔セーターが（　　）
(5) 人が散《ち》る↔人が（　　）
(6) 心をとざす↔心を（　　）
(7) まどをしめる↔まどを（　　）

〈雙葉中―改〉

3 次の（　）に、体の一部を表す言葉を入れて、慣用句《かんようく》を完成《かんせい》させなさい。（15点／一つ3点）

例 （ 頭 ）をなやます。
(1) 部屋《へや》が散らかって、（　　）のふみばもない。
(2) おいしいものを食べ歩き、（　　）がこえてきた。
(3) 弟は（　　）のつけられない、いたずらぼうずだ。
(4) 悲しみで、（　　）がはりさけそうだ。
(5) 今年《ことし》こそ、（　　）にもの見せてくれる。

〈静岡県西遠女子学園中―改〉

4 次の熟語《じゅくご》の各《かく》グループには、(1)「自」、(2)「名」、(3)「短」が共通《きょうつう》して用いられています。その漢字が「　」に示《しめ》されている意味で使われているものを次から選《えら》び、記号で答えなさい。（9点／一つ3点）

(1) ア 自動　イ 自信《じしん》　ウ 自由　エ 自作
「思いのまま」という意味……（　　）
(2) ア 指名　イ 名案《めいあん》　ウ 命名　エ 有名
「すぐれている」という意味……（　　）
(3) ア 短気　イ 短文　ウ 最短《さいたん》　エ 短所
「おとっている」という意味……（　　）

〈実践女子学園中―改〉

5 次の意味を表す言葉をあとから選び、記号で答えなさい。(10点／一つ2点)

(1) 外国へ品物を売り出すこと（　　）
(2) 重さや、かさ、長さなどをはかるもの（　　）
(3) 同じなかまのもの（　　）
(4) 書いて残《のこ》しておくこと（　　）
(5) みんなにかわって意思をしめすこと（　　）

ア 種族《しゅぞく》　イ 記録《きろく》　ウ 代表　エ 輸出《ゆしゅつ》　オ 計器《けいき》

6 次の熟語のうち、同じような意味の漢字ばかり使ってあるものはア、反対の意味の漢字を使ってあるものにはイ、どちらでもないものにはウを（　）に書きなさい。(6点／一つ1点)

① 店員（　　）　② 生産《せいさん》（　　）　③ 大小（　　）
④ 晴雨（　　）　⑤ 花園《はなぞの》（　　）　⑥ 行事（　　）

7 次の言葉と同じ意味の言葉を下から選び、記号で答えなさい。(15点／一つ3点)

(1) ぐちをこぼす（　　）
(2) 首をかしげる（　　）
(3) 歯がたたない（　　）
(4) 思ったとおり（　　）
(5) はかない（　　）

ア たよりない
イ かなわない
ウ あんのじょう
エ 変《へん》だと思う・考える
オ なきごとを言う

8 次の——線の熟語は読み方によって意味が異なります。①読み方を書き、②意味をあとから選んで答えなさい。(10点／一つ1点)

(1) 姉の方が一枚《いちまい》上手なようだ。　①（　　）②（　　）
(2) 先生はピアノを上手にひける。　①（　　）②（　　）
(3) ゴミは分別してすてよう。　①（　　）②（　　）
(4) 分別ある行動がもとめられる。　①（　　）②（　　）
(5) 祖父《そふ》は鉄道工夫として長年働《はたら》いた。　①（　　）②（　　）

ア 物事がうまくできること。
イ 相手よりすぐれていること。
ウ 良《よ》い悪いをわきまえていること。
エ 工事などの仕事をする人。
オ 種類《しゅるい》ごとにわけること。

9 上と下の漢字を組み合わせて、熟語を作りなさい。(12点／一つ2点)

問・始・題・悲・命・愛《あい》

材《ざい》・令《れい》・末《まつ》・屋・観《かん》・着

2 言葉のきまり

標準クラス

答え▼別さつ1ページ

1 次のかなづかいのうち、正しいほうの記号を○でかこみなさい。

(1) 毎日よい天気が{ア つづきました／イ つずきました}が、{ウ きょう／エ きょお}は朝から雨です。

(2) {ア たとえ／イ たとへ}{ウ 少しずつ／エ 少しづつ}でも、この問題集を{オ つずけて／カ つづけて}いこうと{キ おもいます。／ク おもひます。}

(3) ぼくは{ア まづ／イ まず}{ウ こおいう／エ こういう}ところから{オ はじめ／カ はぢめ}て、{キ いちねんぢゅう／ク いちねんじゅう}を楽しく{ケ おくりたい／コ をくりたい}気持ちです。

2 文章中で次の符号を使うのはどのようなときか、あとから選《えら》び、記号で答えなさい。

(1) 。 句点《くてん》（　）
(2) 、 読点《とうてん》（　）
(3) ・ 中点《なかてん》（　）
(4) ？ 疑問符《ぎもんふ》（　）
(5) ！ 感嘆符《かんたんふ》（　）
(6) …… リーダー（　）
(7) ―― ダッシュ（　）
(8) 「　」 かぎ（　）
(9) 『　』 二重かぎ（　）

ア 言葉をならべるとき　**イ** 文の終わり
ウ たずねるとき
エ 会話の中にほかの言葉を引用《いんよう》するとき
オ 文をとちゅうで切り、あとをはぶくとき
カ 文の切れ目　**キ** 感心したとき　**ク** 会話、引用
ケ 前の語に意味や気持ちを加《くわ》えるとき

3 次の文を、三つの文に分けて書きなさい。

屋上からのながめは、とてもきれいで、皇居《こうきょ》の森や、国会議事堂《ぎじどう》や、イギリス大使館などが近くに見え、テレビとうが高くそびえ立っているのも、よく見えます。

（　　　）
（　　　）
（　　　）

4 次の文を読んで、例《れい》と同じ使い方をしているものをすべて選び、記号で答えなさい。

例 お父さんにおつかいをたのまれる。

ア 先生が来られる。
イ お母さんにしかられる。
ウ 近所の犬にかまれる。
エ 友だちのことが案《あん》じられる。
オ 富士山《ふじさん》くらい、家からだって見られる。
カ ふるさとの山々が思い出される。

（　　）

5 正しいつながりになるように、上の言葉と下の言葉を――線でつなぎなさい。

① いまさら ・　　・ア 頭を下げないではいられませんでした。
② どうした ・　　・イ よく努力《どりょく》するようになりました。
③ どちらかに ・　　・ウ とりかえしがつかなくなりました。
④ 以前《いぜん》にもまして ・　　・エ 飛《と》び去ってしまいました。
⑤ どこともなく ・　　・オ なるよりほかはありません。
⑥ 美しい行いに ・　　・カ ものでしょう。

6 次の（　）の中に送りがなを一字書き入れなさい。

(1)
ア 人のものは取（　）ない。
イ わたしは、たなの上の本を取（　）。
ウ 取（　）ますよ。
エ 「取（　）。」と命令《めいれい》した。
オ いっしょに取（　）うね。

(2)
ア なかなか書（　）ない。
イ さっと書（　）ます。
ウ 書（　）ときは、しせいを正しく。
エ 「早く書（　）。」（命令）
オ いっしょに書（　）う。

7 次の□の中に、あてはまる「かな」を一字書き入れなさい。

今朝□たいへん寒くて、せんめんきに、こ□りがはっていました。わたし□、おと□とのところ□いって、「起きてごらん。」と言いました。今年《ことし》はじめてのこ□りです。

8 次の言葉の送りがなが正しいものには○を、そうでないものには×をつけなさい。

① 運ぶ（　）　② 開らく（　）　③ 太い（　）
④ 同じ（　）　⑤ 食る（　）　⑥ 通おる（　）
⑦ 悪るい（　）　⑧ 歌う（　）　⑨ 終わる（　）

時間 30分
合かく 80点
とく点　　点

答え▽別さつ2ページ

1 次の（　）にあてはまる言葉をあとから選《えら》び、記号で答えなさい。（10点／一つ2点）

(1) あまりのおそろしさに、思わず（　）。
(2) 子どもたちは、（　）、自分の考えを言いはった。
(3) （　）敵軍《てきぐん》におそいかかった。
(4) この子は、（　）、どんな子に育つのだろう。
(5) 注文は（　）とだえてしまった。

ア すんでに　**イ** いったい　**ウ** 息をのんだ
エ 息をふいた　**オ** なだれのように
カ ぽっつり　**キ** てんでに　**ク** ぱったり

2 次の文のかなづかいのうち、正しいほうの記号を○でかこみなさい。（16点／一つ2点）

(1) 少し{**ア** づつ／**イ** ずつ}でも、毎日{**ウ** つづけて／**エ** つずけて}{**オ** やりとおす／**カ** やりとうす}ことは{**キ** むづかしい／**ク** むずかしい}ことです。
(2) {**ア** ちかぢか／**イ** ちかじか}、わたし{**ウ** は／**エ** わ}、いなか{**オ** え／**カ** へ}行きたいと思{**キ** い／**ク** ひ}ます。

〈頌栄女子学院中〉

3 次の――線の読み方で、かなづかいがほかとちがうものを一つ選び、記号を○でかこみなさい。（12点／一つ4点）

(1) **ア** 王様　**イ** 大玉　**ウ** 中央　**エ** 横着
(2) **ア** 持久《きゅう》　**イ** 地声　**ウ** 鼻血　**エ** 用事
(3) **ア** 立冬　**イ** 灯油　**ウ** 関《かん》東　**エ** 十日

〈川村中―改〉

4 次の文中には、かなづかいのまちがいが二つあります。例《れい》にならって正しく書きなおしなさい。（16点／一つ2点）

(1) 現代《げんだい》かなずかい例は、ただ発音どうり書きさえすればよいのだと思っている人が意外におうい。

例（かなずかい）→（かなづかい）
（　　）→（　　）
（　　）→（　　）

(2) 親せきのおぢさんが、ねえさんとぼくに、まんじゅうとせんべえをくれた。

（　　）→（　　）
（　　）→（　　）

5 次の文に、あとの〔　〕から符号《ふごう》を一つずつ選び、必《ひつ》要《よう》と思われるところに書き入れなさい。(同じ符号は一度しか使えません。)(16点／一つ2点)

(1) 今夜の　曲は　お馬の親子　です。

(2) これから　ぼくの　研究を　発表します

(3) しっかり　勉強する　こと　それは　きみたちのつとめです。

(4) 「母が、明日《あす》　おうかがいします。　と　申していました。」

(5) 「駅へは、どう　行けば　いいの　」

(6) こんど、ガス　水道料金《りょうきん》が　上がります。

(7) 「そんなこと　」

(8) 「わあ、うれしい　」

〔。／・／！／？／『　』／……／――／「　」〕

6 読点《とうてん》(、)を(　)内の数だけうちなさい。(10点／一つ2点)

(1) やさしい　兄が　「行こう。」と　言う。(1)

(2) 「行こう。」と　やさしい　兄が　言う。(1)

(3) 山では　小鳥が　鳴き　川には　めだかが　泳ぐ。(1)

(4) でも　大好きな　春は　まだ　遠い。(2)

7 次の文は、読点のうち方で、二とおりの意味になります。例にならって、二とおりのうち方で書きなさい。(8点／一つ2点)

例 ここではきものをぬいでください。

(ここで、はきものをぬいでください。)

(ここでは、きものをぬいでください。)

(1) かれは大急ぎでにげたうさぎを追いかけた。

〔　　〕

〔　　〕

(2) かれは泣《な》きながら帰って行くまさおのあとを追った。

〔　　〕

〔　　〕

8 次の文の読点(、)のうち方は、あとのどの文と同じですか。記号で答えなさい。(12点／一つ4点)

(1) その赤い服を着た子が来たときは、いつでも、家の中が明るくなる感じだった。〔　〕

(2) 野原一面にさいている、ふるさとでは見かけないまっ白な花が、夕ぐれの光の中に見えている。〔　〕

(3) そんなときにかれはにこりと笑《わら》い、ぼくたちも、ついかれの気持ちを察《さっ》することをわすれていた。〔　〕

ア 北風がいつでもはげしくふきまくり、雪国の動物は、きびしく長い冬ごもりに入っていった。

イ この国で生まれた、初《はじ》めは弱々しそうに見えた鳥たちも、今ではすっかり大きくなって旅立った。

ウ 今まで晴れていた空がくもってふり出しそうなので、何よりまっ先に、外にあったせんたく物を取り入れた。

(愛光中)

3 指示語《しじご》・接続語《せつぞくご》

標準クラス

答え▼別さつ3ページ

1 次の文の（　）にあてはまる言葉をあとから選《えら》び、記号を書き入れなさい。（同じ記号は一度しか使えません。）

(1) 歩き（　）本を読む。
(2) 形もいい（　）、色もいい。
(3) どんなにしかられ（　）、やめようとしない。
(4) なんべんもあやまった（　）、ゆるしてくれない。
(5) 寒い（　）コートを着て行こう。

ア から　**イ** ても　**ウ** し　**エ** のに　**オ** ながら

2 次の（　）にあてはまる言葉をあとから選び、記号を書き入れなさい。

(1) 今日は遠足です。（　）リュックすがたです。
(2) よいお天気です。（　）かさはいりません。
(3) 父にしかられました。（　）泣《な》きはしませんでした。
(4) 悪い言葉はいけません。（　）ぼくはつい、使ってしまいます。
(5) ろうかを走ることは悪いことです。（　）つい、走ってしまいます。

ア けれども　**イ** ですから

3 次の三つの文をつなぐ言葉（接続語）を□に書きなさい。

とう写印刷《いんさつ》の新聞は、むずかしいということがわかりました。
↓
①
↓
今までどおり、かべ新聞にすることにしました。
↓
②
↓
内容《ないよう》や、つくり方は、改《あらた》めていこうということになりました。

4 次の文の（　）にあてはまるこそあど言葉（指示語）を書き入れなさい。

(1) さあ着きましたよ。（　）が目的地《もくてきち》です。
(2) たかしくん、けんじくんのとなりにならびなさい。そうそう、（　）です。
(3) 本がこんなにたくさんあるんだけど、さあて、今日読む本は（　　　）にしようかな。

5 次の文の□にあてはまる言葉をあとから選び、書き入れなさい。（同じ言葉を何回使ってもよろしい。）

青い海のほとり□、おじいさん□おばあさん□くらしていました。二人□もう、三十三年間□海のそばの古ぼけた小屋□住んでいるのでした。

を・は・に・と・も・が

6 次の三つの文をつなぐ言葉を□に書きなさい。

方言は、その土地の人にとっては、ふるさとの言葉として、親しみ深いものです。

→ ① □ →

わたしたちが、その土地の方言を小さいときから耳にして育ったからです。

→ ② □ →

方言は、その土地の人だけにわかる言葉ですから、ほかの土地の人には話がよく通じません。

7 次の文の（　）の中の言葉のうち、あてはまらないほうを＝線で消しなさい。

(1) わたしの横に立っていらっしゃる（そのかた・このかた）が、町長さんです。

(2) さっきまで、電線にとまっていたつばめはいったい（あっち・どっち）へ飛《と》んで行ったのでしょうか。

(3) むこうから、（こちら・あちら）へ来るのは、きっと三平《さんぺい》ちゃんです。

(4) 「ごめんください。」「ハイ、（どちら・どなた）でしょう。」

8 次の――線が指している言葉を（　）に書きなさい。

(1) 先生の前のテーブル、ここにノートを置《お》きなさい。（　　　　）

(2) やなぎの木が見えますね。あそこまでかけ足で行きましょう。（　　　　）

(3) 電信柱《でんしんばしら》がありますね。あっちへは行ってはいけません。（　　　　）

(4) 背《せ》の高いかたがおられるでしょう。あのかたが校長先生です。（　　　　）

(5) あなたのそばにあるノート、それをとってください。（　　　　）

3 指示語《しじご》・接続語《せつぞくご》

ハイクラス

時間 25分
合かく 80点
とく点 点

答え▼別さつ3ページ

1 次の文の――線が指している言葉を書きなさい。(15点/一つ3点)

(1) きみの時計、それはスイスせいですか。
(2) 大水が出た。これはたいへんなことだ。
(3) 目の前の鳥居《とりい》、これが宮島《みやじま》の大《おお》鳥居です。
(4) ちょうが死んでいました。そこは野原でした。
(5) 指すほうを見なさい。大きな岩が見えるでしょう。あそこの下におじいさんのおはかがあるのよ。

(1)	(2)	(3)	(4)	(5)

2 次の文を読んで、正しいものには〇、正しくないものには×を、( )に書きなさい。(10点/一つ2点)

(1) ( )あの子はよく勉強する。だからよく働《はたら》く。
(2) ( )おみやげをもらったのでうれしかった。
(3) ( )坂道は急である。しかし登るのに苦しい。
(4) ( )相談は、思ったとおりうまくいった。
(5) ( )母がよんだ。そうしてぼくは遊んでいた。

3 次の文の( )にあてはまる接続語(つなぎ言葉)をあとから選《えら》び、記号で答えなさい。(10点/一つ2点)

(1) かなり暑くなった。( )、水は冷《つめ》たい。
(2) 父の父とは、( )、おじいさんのことです。
(3) 一人帰り、二人帰り、( )、だれもいなくなった。
(4) すいかは野菜《やさい》ですか。( )、くだものですか。
(5) ぼくは行きたくない。( )、あぶないからだ。

ア つまり　イ なぜなら　ウ そして　エ すると
オ さて　カ それとも　キ けれども　ク さらに

〈金光学園中〉

4 次の文の( )にあてはまる接続語をあとから選び、記号で答えなさい。(10点/一つ2点)

(1) 明日は、ノート( )手帳を持って来なさい。
(2) 国語のおさらいをすまし、( )遊びに行った。
(3) みな子さんは、体も大きいし、( )力も強い。
(4) 空がくもっていたので、かさをもって出た。( )雨はふらなかった。
(5) 算数を始めましょう。( )何ページからですか。

ア だから　イ ところで　ウ それから
エ そのうえ　オ または　カ けれども

5 次の文の（　）にあてはまる接続語をあとから選び、記号を書き入れなさい。（9点／一つ3点）

ちょっと変《か》わったげきですから、言葉や動作によく気をつけてください。

①（　）これまでにも、げきは、いくつか勉強してきました。②（　）げきをするとき、げきを見るとき、どんな点をつかめばよいかなどは、あまり考えなかったでしょう。③（　）こんどはそんなところまで考えて、げきの勉強をしていくのです。

ア そこで　イ ところで　ウ しかし

6 次の文の（　）にあてはまる指示語を書き入れなさい。（18点／一つ3点）

(1) ちょうどよいところでお目にかかりました。ごしょうかいします。（　）が社長です。

(2) てんらん会を見るには、（　）入場けんがいります。一まいあげましょう。

(3) みんな見てごらん。テレビとうが見える山があるでしょう。（　）山が○○山です。

(4) もしもし、山下さんですか。何時にいらっしゃいますか。はい、では三時に（　）にまいりましょう。

(5) 失礼ですが、（　）さまでしょうか。

(6) 向こうに大ぜい人が集まっていますね。わたしたちも（　）へ行ってみましょうか。

7 次の文の（　）にあてはまる言葉をあとから選び、書き入れなさい。（同じ言葉を何度使ってもかまいません。）（16点／一つ2点）

わたしの妹（　）、もっとすなおだ（　）よいのだ（　）、わがままだ（　）、ほめる（　）つけあがる（　）、しかれ（　）ない（　）、まったくこまりものだ。

し・が・て・ば・から・と・は

8 次の文の（　）の中の言葉から、それぞれの文に最《もっと》もよく合う接続語を選び、○でかこみなさい。（12点／一つ4点）

人間は暑さや、寒さや、雨や風をふせぐたしかなやり方を考えて、家を建《た》てました。（しかし・それで・また・あるいは）、自分から進んで食物を作って食べるようになりました。こうして、人間のくらしは、ますます楽しいものになりました。（しかし・それで・また・あるいは）、自然《しぜん》の中で起こるできごとは、大水にしても、地しんにしても、ずいぶん人間のくらしをおびやかします。（しかし・それで・また・あるいは）人間はそのたびごとに、いろいろ苦しい思いをしなければなりませんでした。

4 文の組み立て・種類《しゅるい》

標準クラス

1 次の文章を読んで、あとの問いに答えなさい。

[1] 汽車が発明されたのは、今からおよそ百四十年ほど前のことである。

[2] [A]までは線路の上を馬が引いて走る鉄道馬車というものがあったが、速力がおそく、乗せる人も少ないものであった。

[3] それで[B]ころの人々は、なんとかして、もっと速く、もっとたくさんの人や荷物を乗せて走る乗りものがほしいと思った。

[4] [C]望《のぞ》みをかなえたのが、イギリスのジョージ＝スチブンソンである。

[5] スチブンソンは、車を引いて走る馬の代わりに、[D]ころ、炭こうで使われていたじょう気機関《きかん》を使うことを思いついた。

[6] **ア** そして
イ 今までのものに
ウ いろいろ改良《かいりょう》を加《くわ》えて
エ 一台の機関車を作った。

---

(1) [A]〜[D]にあてはまる言葉をあとから選《えら》び、記号で答えなさい。（同じ記号を何度使ってもかまいません。）

A（　　）　B（　　）　C（　　）　D（　　）

ア その　**イ** それ　**ウ** この　**エ** これ

(2) [3]の文の「主語」と「述語《じゅつご》」を（　）に書きなさい。

主語（　　）
述語（　　）

(3) [5]の文の「主語」と「述語」を書きなさい。

主語（　　）
述語（　　）

(4) [6]の文には、主語がありません。この文の「主語」を書きなさい。

（　　）

(5) (4)で書いた[6]の文の主語は、ふつうどこへ入れたらよいですか。**ア**〜**エ**の記号で答えなさい。（　　）

答え▼別さつ4ページ

2 次の――線の言い方を「ます、ましょう、です」のような、ていねいな言い方になおしなさい。

そういう着物を①着ると、この国のどの者が役にたたないか、たしかめることができるというもの②だ。「そうだ、さっそくそのおりものをおらせよう。」と、王様はほほえんで思わずひざをぽんと③たたいた。

（「はだかの王様」）

①（　　　） ②（　　　）
③（　　　）

3 次の――線の言い方を、ていねいな言い方になおしなさい。

(1)「大急ぎでかさを取って①くるから、②すまないがちょっとこれを③たのむ。」

(2)「ゆう便局《びんきょく》へ行く道なら、ぼくが①知っているからおしえて②やろう。」

(3)「先生が①くれたこの本は、先生が買って②来たものだそうです。」

(1) ①（　　　） ②（　　　）
③（　　　）
(2) ①（　　　） ②（　　　）
(3) ①（　　　） ②（　　　）

4 次の文を読んで正しいものには○、そうでないものには×をつけなさい。

①（　）ぼくは、昨日《きのう》学校から帰って遊ぶことにします。

②（　）明日《あす》はお天気がよかったので、遠足があると思います。

③（　）たぶん、東京《とうきょう》へ行くようになるかもしれません。

④（　）先生が「昨日のことを作文に書いてごらんなさい。」と言われました。

⑤（　）今、ぼくは勉強していますから遊べません。

⑥（　）お父さんは、毎日、会社へつとめに行きます。お母さんは、家で仕事をしています。

5 次の文を、たずねる言い方の文になおしなさい。

① 昨日算数のわからないところを聞きました。
（　　　）

② 町はネオンできれいです。
（　　　）

③ 去年はスキーへ行きましたよ。
（　　　）

④ 宿題をすませてから、遊びました。
（　　　）

4 文の組み立て・種類《しゅるい》

ハイクラス

時間	25分
合かく	80点
とく点	点

答え▼別さつ4ページ

1 次の言葉をならべかえて文を作り、例《れい》にならって記号で答えなさい。（15点／一問3点）

例 ㋐さいています ㋑花が ㋒美しく ㋓きくの （㋓・㋑・㋒・㋐）

(1) ㋐とるには ㋑発見しなければならない ㋒サンマを ㋓まず ㋔そのむれを （　・　・　・　・　）

(2) ㋐美しい花を ㋑花びんが ㋒入れた ㋓ろうかには ㋔置《お》いてあった （　・　・　・　・　）

(3) ㋐夜明けは ㋑深山の ㋒気持ちの ㋓谷間の ㋔いいものです （　・　・　・　・　）

(4) ㋐はたらきを ㋑形が ㋒言葉は ㋓かわる ㋔あらわす ㋕動作や ㋖いろいろに （　・　・　・　・　・　・　）

(5) ㋐においが ㋑しらかばの ㋒からまつや ㋓します ㋔とても ㋕葉は ㋖いい （　・　・　・　・　・　・　）

2 次の文は、あとの□の一文の組み立てを説明《せつめい》したものです。文中の①～⑤にあてはまる言葉を、文中とあとの一文からぬき出して書き入れなさい。（15点／一つ3点）

次の文の①（　）は「ぼうしが」で、述《じゅつ》語《ご》は②「（　）」です。主語を修飾《しゅうしょく》している言葉は③「（　）」で、④「（　）」は、⑤（　）を修飾する言葉です。

> あっ、春風に 少女《しょうじょ》の ぼうしが とばされた。

（実践女子学園中―改）

3 次の例のように、(1)・(2)の文の組み立てを完成《かんせい》させなさい。(2)は矢印も書き入れなさい。（20点／一問10点）

例 かわいい 小鳥が 木に とまった。

（かわいい）→（小鳥が）→（とまった）←（木に）

(1) 花だんに、うすい 赤色の チューリップが たくさん さいている。

（①　）→（②　）←（　）
（③　）→（④　）
（⑤　）
（⑥　）

(2) 校庭で さくらが はなやかに さいている。

（①　）（②　）（③　）（④　）

4 次の言い方にあてはまる文を選び、記号で答えなさい。(10点／一つ2点)

(1) たずねる言い方 (　　)
ア そのジュースは、あまいですか。
イ 朝ねをしたから、学校におくれました。
ウ 昨日《きのう》はたいへんなことがありました。

(2) たとえていう言い方 (　　)
ア あの人の走るしせいは、本当によい。
イ このいもは、まるでボールのようだ。
ウ 夏の海は、ほんとうに青い。

(3) 心からさけんでいる言い方 (　　)
ア すばらしい絵だ。
イ このあめは、とてもあまいよ。
ウ 山登りは、とてもつらいね。

(4) 命令《めいれい》する言い方 (　　)
ア そこで泳ぐな。
イ ろうかで遊ぶのは、いけない。
ウ いっしょに行きませんか。

(5) おねがいをする言い方 (　　)
ア この本を山本くんへわたしなさい。
イ この品物を取りかえてください。
ウ えんぴつがありません。

5 次の文は、はっきりしない言い方をしています。はっきりした言い方になおしなさい。(24点／一つ6点)

(1) 北海道《ほっかいどう》は、雨がふっているかもしれない。
(　　)

(2) もう八時だから、学校におくれるでしょう。
(　　)

(3) 今夜は、とても冷《ひ》えこむと思います。
(　　)

(4) 試験《しけん》が気になって、なかなかねむれそうにない。
(　　)

6 敬体文《けいたいぶん》には○、常体文《じょうたいぶん》には×をつけなさい。(8点／一つ2点)

(1) (　) はやく勉強をしなさい。
(2) (　) 伝《でん》せん病には、気をつけないといけない。
(3) (　) 手あらいをしましょう。
(4) (　) 朝とねる前には、必《かなら》ず歯をみがこう。

7 目上の人に話す言い方には○、そうでないものには×をつけなさい。(8点／一つ2点)

(1) (　) ゆう便局《びんきょく》は、そこを左に曲がったところだ。
(2) (　) はやく行かないとおくれるよ。
(3) (　) えんぴつを、おかししましょうか。
(4) (　) いっしょにまいりましょう。

チャレンジテスト①

1 次の——線の言葉を下の文に合う形に書きかえて、文の意味が通るようにしなさい。(12点／一つ3点)

(1) 鳥が飛《と》ぶ。……子どもが紙飛行機《かみひこうき》を（　　　）。

(2) 友人を映画《えいが》にさそう。……友人から映画に（　　　）。

(3) 今日は、天気がよい。……もし、明日《あす》天気が（　　　）、出かけよう。

(4) 生徒《せいと》が話をする。……校長先生が話を（　　　）。

〈西南女学院中〉

2 次の——線「で」は、〈 〉の意味で使われています。同じ意味で使われているものをあとのア〜エからそれぞれ一つずつ選《えら》び、記号で答えなさい。(9点／一つ3点)

(1) ポンプで水をくむ。〈…を使って〉（　　）

(2) どろでよごれる。〈…のために〉（　　）

(3) 各地《かくち》でえんぜつする。〈…において・場所〉（　　）

ア 校庭で遊ぶ。
イ 土を運んでくる。
ウ 雪をけんび鏡《きょう》で調べる。
エ すすでまっ黒になる。

〈静岡県西遠女子学園中〉

3 次の文章のA〜Eの（　）の中には接続語《せつぞくご》が入ります。あとのア〜エからあてはまるものを選び、（　）に記号を書き入れなさい。(同じ記号を何度使ってもよろしい。)(25点／一つ5点)

「これは、くものすのように軽くできておりますから、おめしになっても、何もおからだにおつけにならないとお思いになるかも知れません。前にも申しあげたように、えらいお方でないと見えないのが、この着物のとくちょうでございます。」

「なるほど。」

と、家来たちは言いました。A（　）ほんとうは、何も見えはしませんでした。

「おそれながら、着物をおぬぎになってくださいませ。」

とふたりのはたおりは言いました。

王様は着物をぬぎました。B（　）ふたりのはたおりはできあがったつもりの新しい着物を、一つ一つ着せるまねをしました。C（　）こしのまわりに手を回して、何か結《むす》ぶような手つきをしました。D（　）すそのあたりを、きれいにそろえるまねもしました。E（　）王様は何も見えないのです。

〈「はだかの王様」〉

答え▼別さつ5ページ

時間	20分
合かく	80点
とく点	点

ア けれども　イ また　ウ すると　エ そして

4 次の文の問いを読んで、よく表されているほうの言い方の記号に○をつけなさい。（25点／一つ5点）

(1) 強い言い方の文。
ア わたしは四年生です。
イ わたしは四年生だ。

(2) 気持ちの強く表されている文。
ア ぼくは詩を書きたい。
イ ぼくはどうしても詩を書きたい。

(3) 自分の考えをのべている文。
ア この空では、明日は雨がふるそうだ。
イ この空では、明日は雨がふりそうだ。

(4) 相手に強く言う言い方の文。
ア 大きな声を出してはいけない。
イ 大きな声を出すな。

(5) 相手をさそう言い方の文。
ア いっしょに出かけましょう。
イ いっしょに出かけてください。

5 次の文の（　）にあてはまる言葉をあとから選び、書き入れなさい。（20点／一つ5点）

(1) 顔を合わせると、いつもけんかをしてしまう。ぼくはAくんと（　　　）んだよ。

(2) 「ぜったいうまくいくよ。」なんてBくんは（　　　）けれども、ぼくはちょっと心配だなあ。

(3) 「ぼくが悪かった。」って、すなおにあやまろうと思ったけれど、Cくんは、ぼくをまったくむししている。これではあやまろうにも（　　　）。

(4) 弟のやつ、一年間に二十センチもせがのびたんだ。小さい子の成長《せいちょう》のはやさには（　　　）ものがある。

気がひける	そりが合わない	目を見はる
たいこばんをおす	取りつく島もない	
鼻にかける	かげ口をきく	きもをひやす

6 次の文の――線の言葉の意味として正しいものをそれぞれ一つずつ選び、記号で答えなさい。（9点／一つ3点）

(1) 自分のことはたなに上げて行動する。（　）
ア えんりょする　イ 大切にする
ウ じまんする　エ 知らん顔をする

(2) おびただしい人が集まっている。（　）
ア たいへん多い　イ だいたい正しい
ウ おびのように長い　エ たいへんおそろしがる

(3) あまりのいたずらにたまりかねる。（　）
ア 少しがまんする　イ だまってやめてしまう
ウ もうこれ以上《いじょう》がまんできなくなる
エ すなおに受け入れられないものを感じる

5 心情《しんじょう》・情景《じょうけい》をつかむ

標準クラス

答え▼別さつ6ページ

1 次の文章を読んで、あとの問いに答えなさい。

むかし、ある国に、たいへん着物のすきな王様がいました。この王様は、持っているお金《かね》は着物を作るのに使っていつも美しく着かざっていました。そして、一日のうちに何度も着物を着かえては、人に見せるのを楽しみにしていました。

ある日、この国の都へ、ふたりの悪がしこい男がやってきました。ふたりは、

「わたしたちは、はたおりです。今までどの国にもなかった美しいおり物をおることができます。このおり物は、ふしぎなおり物で、ふつうの人の目には見えますが、自分の役めに向かない役人や、大ばか者には、少しも見えないのです。」と、町の人々に言いふらしました。

この話が、王様の耳にはいりました。王様は、「それはすばらしい。そのおり物で作った着物を着ると、国じゅうの役人の中で、だれが役めに向かないかがわかるし、ばか者とりこう者とを見分けることもできるわけだ。よし、さっそく、そのおり物をおらせてみよう。」と考えました。

そこで、ふたりの男に仕事を始めさせることにしました。ふたりは、材料《ざいりょう》にする上等のきぬ糸や、まじり気のない金《きん》を買うためだと言って、たくさんのお金をもらいました。そして、二台のはたおり機械《きかい》をすえつけ、いかにも働《はたら》いているようなふりをしていました。が、はたおり機械には、何一つ取りつけてありません。

まもなくふたりは、材料が足りないと言って、□、お金をたくさんもらい、あいかわらず、からっぽの機械で、働くふりをしました。町は、このおり物の話でもちきりでした。

（「はだかの王様」）

(1) 文章中の□にあてはまる言葉をあとから選《えら》び、記号で答えなさい。（　　）

ア から　**イ** それで　**ウ** また　**エ** わりあい

(2) この物語の主人公はだれでしょう。あてはまるものを一つ選び、記号で答えなさい。（　　）

ア 悪がしこい男　**イ** 町の人　**ウ** 王様

(3) 「町は、このおり物の話でもちきりでした。」というところから、どんなことが考えられますか。あてはまるものを一つ選び、記号で答えなさい。（　）

ア みんなが、おり物をめずらしがっている。
イ 王様がその着物を着て行列するのを待っている。
ウ 着物ずきの王様が、どんな着物をつくらせるかを、うわさしている。

(4) 王様が、ふたりに着物をつくらせようとしたのはどんな気持ちからですか。まとめて書きなさい。

（　　　　　　　）

(5) このおり物が、ふつうのおり物とちがっているところは、どんなところですか。

（　　　　　　　）

(6) 「ふたりの悪がしこい男」は、王様のどんな気持ちにつけこんだのですか。

（　　　　　　　）

(7) 悪がしこい男たちが、本当はおり物をつくっていないことがわかる部分に――線を引きなさい。

2 次の文章を読んで、あとの問いに答えなさい。

「服なんか着ていない。服なんてありはしない。」

王様も、どうやら、みんなの言っていることが正しいように思いましたが、いまさら、行列をやめるわけにはいきません。王様は、いっそういばったようすで歩いていきました。

（「はだかの王様」）

(1) 王様は、服を着ていたのですか。（　）

(2) 王様が歩きつづけたのは、どんな気持ちからですか。

（　　　　　　　）

3 次の文章を読んで、あとの問いに答えなさい。

荒木《あらき》くんは、そのとき、ほんとうにうれしそうに言ったものです。わたしは、ものを言えばなみだがぽろぽろこぼれそうなので、「うん、うん。」と言って、うなずいてみせるだけでした。

(1) 「うん、うん。」とうなずくことしかできなかったのはどうしてですか。

（　　　　　　　）

(2) だれに、うなずいてみせたのですか。

（　　　　　　　）

5 心情《しんじょう》・情景《じょうけい》をつかむ

ハイクラス

時間 25分
合かく 80点
とく点 点

答え▼別さつ6ページ

1 次の文章を読んで、あとの問いに答えなさい。（50点／一つ10点）

「次郎《じろう》君、君はこれから何になるつもりだ。」

「まだ、きめていないよ。」

「ぼく、ほんとうは詩人になりたいんだ。だけど、とても北原白秋《きたはらはくしゅう》のように有名には、なれそうにないな。」

「有名にならなくったって、一郎《いちろう》君、いいじゃないか。」

「有名にならなくちゃ、つまらないよ。」

「ぼくなんか、どんな方面に進むにしても、有名になろうなんて考えないな。」

「ずいぶんあっさりしているんだね、次郎君は。有名になれなかったら、せっかく人間に生まれてきたかいがないじゃないか。」

「ぼくは、①そんなふうに思わないな。しっかりした人間にならなければ、いけないとは思うけど。」

「ぼくだって、しっかりした人間になろうと思っているのさ。そして、りっぱな行いをして、世の中の人に名まえを知ってもらいたいと思うのだ。だから、つまり君だってぼくだって、②同じ考え方をしているんだよ。」

(1) 話し合っているのは、だれとだれですか。（完答）
（　　）と（　　）

(2) 「①そんなふう」とは、どういう内容《ないよう》を指していますか。
ア 人間に生まれたことに、ねうちがある。
イ 有名になることに、ねうちがある。
ウ 北原白秋はねうちがある。
（　　）

(3) 「②同じ考え方」とは、どういう考え方ですか。
ア しっかりした人間になろうと思っていること。
イ 世間の人に、名まえを知ってもらいたいこと。
ウ 有名にならなくてはつまらないこと。
（　　）

(4) 次郎が「有名にならなくったって……いいじゃないか。」と言ったのはなぜですか。
ア 人と同じ意見をのべることは、ねうちがないから。
イ 有名になることに、ねうちがあると思っているから。
ウ しっかりした人間になることに、ねうちがあると思っているから。
（　　）

(5) 一郎は、北原白秋をどういう人だと考えていますか。
ア 詩人として有名な人
イ 人間として有名な人
ウ 自分と同じ考え方の人
（　　）

2 次の文章を読んで、あとの問いに答えなさい。

ある晴れた静《しず》かな[A]の日の午後でした。ひとりの小娘《こむすめ》が山で枯《か》れ枝《えだ》を拾っていました。

やがて、夕日が新緑の薄《うす》い木の葉を透《す》かして赤々と見られるころになると、小娘は集めた小枝を小さい草原に持ち出して、そこで自分の背負《せお》ってきた荒《あら》い目かご*につめ始めました。

ふと、小娘はだれかに自分が呼《よ》ばれたような気がしました。

「ええ？」小娘は思わずそういって、立って①その辺《へん》を見回しましたが、そこにはだれの姿《すがた》も見えませんでした。

「私《わたくし》を呼ぶのはだれ？」小娘はもう一度大きい声でこういってみましたが、やはり答える者はありませんでした。

小娘は二三度②そんな気がして、初《はじ》めて気がつくと、それは雑草《ざっそう》の中からただひともと*、わずかに首をさし出している小さい菜《な》の花でした。

小娘は頭にかぶっていた手ぬぐいで、顔の汗《あせ》をふきながら、

「おまえ、こんな所で、よくさびしくないのね。」と言いました。

「さびしいわ。」と菜の花は親しげに答えました。

「そんならなぜ来たのさ。」小娘はしかりでもするような調子で言いました。菜の花は、「ひばりの胸毛《むなげ》に着いてきた種《たね》がここでこぼれたのよ。困《こま》るわ。」と[B]に答えました。そして、どうか私をお仲間《なかま》の多いふもとの村へ連《つ》れて行ってくださいと頼《たの》みました。

小娘は[C]に思いました。小娘は③菜の花の願《ねが》いをかなえてやろうと考えました。

（志賀直哉《しがなおや》「菜の花と小娘」）

*目かご＝大きくすきまをとってあんだ竹のかご。
*ひともと＝一本。

(1) [A]にあてはまる言葉を次のア～エの中から選《えら》び、記号で答えなさい。(5点) (　　)

ア 春　イ 夏　ウ 秋　エ 冬

(2) 「①その辺」とはどういう場所ですか。文章中の言葉で答えなさい。(10点) (　　)

(3) 「②そんな気」とはどういうことを指していますか。(　)に書きなさい。(10点) (　　)

(4) [B]・[C]にあてはまる言葉を次のア～エの中から選び、記号で答えなさい。(10点／一つ5点) B(　　) C(　　)

ア かわいそう　イ うれしそう　ウ 悲しげ　エ 不思議《ふしぎ》そう

(5) 「③菜の花の願い」とはどういうことですか。(　)に書きなさい。(15点)

(　　)

〈聖徳大附属聖徳中―改〉

6 場面の様子をつかむ

標準クラス

答え▼別さつ7ページ

1 次の文章を読んで、あとの問いに答えなさい。

いく日《にち》も、いく日も、秋晴れが続《つづ》き、すみきった空気は、このごろ、きゅうにはだ寒くなってきた。家のうらのいちじくの木は、もうすっかり葉を落として、青い空を後ろに、くっきりとえだを見せている。木の下を歩けば、落ちかさなった、かれ葉がサックサックと音をたてるだろう。

「もみじも、ずいぶんこくなったねえ。」

母が、庭をはく手を休めていう。

「もうすぐ、冬だね。」

と、ぼくがあいづちをうつと、母は、

「かつひこ、あなたのセーター、早くあんでしまおうね。きょ年のは、小さくなったでしょうね。」

といいながら、なんとなくしげしげとぼくをながめた。

(1) この文章は、いつごろのことを書いたものですか。

秋の〔**ア** はじめ　**イ** 中ごろ　**ウ** 終わり〕（　　）

(2) 「ぼくがあいづちをうつと」とありますが、それは次のどれについてですか。（　　）

ア けしきがよいということ。

イ 秋も終わりになったということ。

ウ セーターをあむということ。

(3) この文章中の母は、何をしていますか。（　　）

ア せんたく　**イ** ごはんたき　**ウ** 庭はき

エ あみもの　**オ** 買い物　**カ** 水くみ

(4) 上の文章についてのべた次の文のうち、どれが最《もっと》もふさわしいですか。（　　）

ア さびしくて、気持ちがしずむような感じがする。

イ ひっそりと静《しず》かで、美しい感じがする。

ウ いそがしくて、やりきれないような感じがする。

2 次の文章を読んで、あとの問いに答えなさい。

すると、とつぜん、ぼくの頭に、まるでいなずまのように、さっと考えがひらめいた。

（全部で百二十のくるみは、三つに分けなければならないんだ！　女の子は、その一つを取り、男の子は、あとの二つを取る。そうすれば、男の子は、女の子の二倍取ることになるんだ！）

ぼくは、急いで、百二十を三でわって、四十という答えを出した。つまり、一つの分けまえが四十なのだ。それで、女の子はくるみを四十取り、男の子はその二倍、つまり、四十に二をかけた八十を取る。これがそうなんだ。これが本の答えそのままなんだ！

ぼくは、うれしくて、もう少しでとびあがるところだった。

(1) この文章で「ぼく」がとこうとしている算数の問いを考えて書きなさい。

（　　　　　　）

(2) この文章の前のほうを想像して書いてみなさい。

（　　　　　　）

(3) 「これが本の答えそのままなんだ」とあるのはどういうことですか。（　）

ア 「ぼく」は答えの出し方がわからなかったということ。

イ 「ぼく」は本と同じ正しい答えを出せたということ。

ウ 「ぼく」は本の答えを写しておいたということ。

---

3 次の文章を読んで、あとの問いに答えなさい。

「…わしは、年をとってから、ここに連《つ》れてこられたんだが、本当によかったと思っている。そりゃあ、ここはせまいが、てっぽうをうってくるやつなんか、いないからな。一日じゅう、のんびりしていられる。」

「じゃあ、のんびりしていればいいだろ。子どもたちが来たって、知らん顔をして、のんびりしていればいいじゃないか。」

「子どもたちが来たときくらい、ガオーッてほえなけりゃ、申しわけないじゃろうが。」

ライオンはそう言いましたが、クロヒョウは、聞いているのかいないのか、目をつぶったまま、もう返事もしません。

（斉藤《さいとう》 洋《ひろし》「ガオーッ」）

(1) 「ここ」とは、どこですか。（　　　　）

(2) 子どもたちが来たとき、ライオンとクロヒョウは、それぞれどんな様子でいると思いますか。

① ライオン

（　　　　　　）

② クロヒョウ

（　　　　　　）

6 場面の様子をつかむ

ハイクラス

時間	25分
合かく	80点
とく点	点

答え▼別さつ7ページ

1 次の文章を読んで、あとの問いに答えなさい。（100点／一つ10点）

かぶと虫を持った小さい太郎《たろう》は、こんどは細い坂道をのぼって、大きい通りの方へ出ていきました。

車大工《だいく》さんの家は、大きい通りにそってありました。そこの家の安雄《やすお》さんは、もう＊青年学校にいっているような大きい人です。けれど、いつも、小さい太郎たちのよい友だちでした。じんとりをするときでも、かくれんぼをするときでも、いっしょに遊ぶのです。安雄さんは小さい友だちから、特別《とくべつ》に尊敬《そんけい》されていました。それは、どんな木の葉、草の葉でも、安雄さんの手でくるくるとまかれ、安雄さんがくちびるにあてると、ピイと鳴らすことができたからです。また安雄さんは、どんなつまらないものでも、ちょっと細工をして、おもしろいおもちゃにすることができたからです。

車大工さんの家に近づくにつれて、小さい太郎の胸《むね》は、わくわくしてきました。安雄さんがかぶと虫でどんなおもしろいことを考え出してくれるかと、思ったからです。

（Ａ）、小さい太郎のあごのところまである＊格子《こうし》に、首だけのせて、仕事場の中をのぞくと、安雄さんはおりました。おじさんと二人で、仕事場のすみの＊砥石《といし》で、かんなの刃《は》をといでいました。よく見ると今日は、ちゃんと仕事着を着て、黒い前だれをかけています。

「そういうふうに力を入れるんじゃねえといったら、わからんやつだな。」

とおじさんがぶつくさ言いました。安雄さんは、刃のとぎ方をおじさんに教わっているらしいのです。顔をまっかにして一生けんめいにやっています。それで、小さい太郎の方を、いつまで待っても見てくれません。

（Ｂ）、小さい太郎はしびれをきらして、

「安さん、安さん。」

と、小さい声でよびました。安雄さんにだけ聞こえればよかったのです。

（Ｃ）、こんなせまいところでは、そういうわけにはいきません。おじさんが聞きとがめました。おじさんは、［　］は子どもにむだ口なんかきいてくれるいい人ですが、今日は、何かほかのことで腹《はら》を立てていたとみ

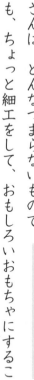

えて、太いまゆねをぴくぴくと動かしながら、

「うちの安雄はな、もう、今日から①一人まえのおとなになったでな、子どもとは遊ばんでな、子どもは子どもと遊ぶがええぞや。」

と、つっぱなすように言いました。

（ Ｄ ）安雄さんが、②小さい太郎の方を見て、しかたがないように、かすかにわらいました。そしてまたすぐ、自分の手先に熱心《ねっしん》な目を向けました。

虫が枝《えだ》から落ちるように、力なく、小さい太郎は格子からはなれました。

（ Ｅ ）、ぶらぶらと歩いていきました。③小さい太郎の胸に深い悲しみがわきあがりました。


（新美南吉《にいみなんきち》「かぶと虫」）


*青年学校＝戦前《せんぜん》、小学校卒《そつ》の働《はたら》く青少年を教育した学校。

*格子＝細い角材《かくざい》をたてよこ、間をすかして組んだ窓《まど》の建具《たてぐ》。

*砥石＝刃物《はもの》をとぐ石。

(1) （ Ａ ）～（ Ｅ ）にあてはまる言葉を次の中から選《えら》び、記号で答えなさい。

Ａ（　　） Ｂ（　　） Ｃ（　　）
Ｄ（　　） Ｅ（　　）

ア とうとう　**イ** そして　**ウ** ちょうど
エ すると　**オ** しかし

(2) 小さい太郎が安雄さんに会いにいった理由を、文章中の表現《ひょうげん》をいかして答えなさい。

（　　　　）

(3) □にあてはまる言葉を文章中からぬきだして答えなさい。

（　　　　）

(4) ——線①「一人まえのおとなになった」とはどのような意味ですか。記号で答えなさい。（　　）

ア とうとう二十さいの成人式《せいじんしき》をむかえた。
イ よく勉強して青年学校を無事卒業《ぶじそつぎょう》した。
ウ 本格的《ほんかくてき》に大工の修業《しゅぎょう》が始まった。
エ 一人まえの刃のとぎ方を身につけた。

(5) ——線②のときの安雄さんの気持ちをわかりやすく説明《せつめい》しなさい。

（　　　　）

(6) ——線③「小さい太郎の胸に深い悲しみがわきあがりました」とありますが、それはなぜですか。（　　）

ア 安雄さんと遊べなかったから。
イ もう安雄さんと遊ぶことはないだろうと思えたから。
ウ 安雄さんが、おじさんにきびしくされているので、かわいそうに思えたから。
エ 安雄さんが、おじさんにおこられた自分をかばってくれなかったから。

（東京学芸大附属小金井中—改）

7 細かい点に注意する

標準クラス

答え▼別さつ8ページ

1 次の文章を読んで、あとの問いに答えなさい。

深山の谷間の夜明けは、気持ちのいいものです。空気は、ガラスのように、ぴいんとすみきっています。①その すんだ空気のはてに、みずみずしいぶどうのような星をいただいた空が広がっています。わたしは、岩《いわ》の上にはい出して、この②美しい空気を、力いっぱいすいこみました。③その時

「だんなさあ、だんなさあ。」

と、荒木《あらき》くんの、ささやくようなよび声がしてきました。荒木くんは、川原《かわら》の岩かげで、朝めしのしたくをしているところでした。その荒木くんが、岩のかげから、上流の方を指さしているのです。④その指先を追っていったわたしは、思わず、「おお」と、ひくいうなり声をあげました。

チャーチャーチャーと、白い波のほを光らせて、気持ちよく流れる急流のむこう岸を、大きなくまが、のっそのっそと歩いているのです。じつに堂々《どうどう》たるすがたです。⑤そのあとから、それは小さな二ひきの子ぐまが、よたよたついていきます。

---

(1) ――線①③④⑤「その」は、それぞれ何を指していますか。説明しなさい。

① (　　　　)

③ (　　　　)

④ (　　　　)

⑤ (　　　　)

(2) ――線②「美しい」は、何のことをいっていますか。

ア 深山のけしき。

イ みずみずしいぶどうのような星。

ウ ガラスのようにすみきって、空のはてまで広がっている夜明けの空気。

(　　)

(3) 荒木くんが指さしたのは、次のどれですか。

ア 堂々たるくま

イ 急流のむこう岸

ウ 大きなくまと、二ひきの子ぐま

(　　)

2 次の文章を読んで、あとの問いに答えなさい。

レナードは、ちょっとのあいだ、とほうにくれたようすで、月の光の中に立っていました。

すると、まもなく、やぶの中から、明るい二つの目がのぞきました。それから、すがたのよいめじかのかげ絵が、うかぶようにあらわれました。レナードは、軽く、おどるように、おかあさんのところへかけよりました。

エマとジョージは、四つのともし火のような目が、ちょっとの間、自分たちを見つめているような気がしました。しかし、やがて、それも消えました。二つの黒いかげはなかよくならんで、森の中へすがたをかくしてしまったのです。

木の葉のサラサラ鳴る音が聞こえて、あとは、しいんと静《しず》まり返りました。

エマとジョージは、だまって、ねどこにはいりました。エマは、まくらに顔をうずめて、じっと、なみだをこらえていました。しばらくすると、弟のすすりなく声が、エマの耳に聞こえてきました。

(1) めじかが静かにあらわれた様子を表しているところを文章中からさがして、その横に〰〰線を引きなさい。

(2) とても静かな様子の表れているところを文章中からさがして、その横に══を引きなさい。

(3) 次の（　）にあてはまる言葉をあとから選《えら》び、記号で答えなさい。

① レナードというのは（　）

② エマというのは（　）

③ ジョージというのは（　）

④ 四つのともし火のような目は（　）

ア 子じか　**イ** めじか　**ウ** 弟
エ 姉　**オ** 親子のしか

(4) 「エマは、まくらに顔をうずめて、じっと、なみだをこらえていました。」、「弟のすすりなく声が、エマの耳に聞こえてきました。」とありますが、二人の様子がちがっているのはどうしてですか。（　）

ア レナードに対する気持ちがちがったから。
イ 弟はすぐなくせいかくだったから。
ウ エマはたえしのび、弟はたえられなかったから。
エ たまたまそうなったから。

(5) 文章中の「それ」は何をあらわしていますか。（　）に書きなさい。

（　　　　　　）

7 細かい点に注意する

ハイクラス

時間 25分
合かく 80点
とく点 点

答え▽別さつ9ページ

1 次の文章を読んで、あとの問いに答えなさい。

梶川老人《かじかわろうじん》はたしかにキツネがりの名人だった。半時間もたたないうちにキツネ穴《あな》をみつけた。松村《まつむら》さんと昭代《あきよ》が火をおこし、谷川《たにかわ》君と岡田《おかだ》君がいぶし役だった。

（中略《ちゅうりゃく》）

一番星が、まだ白い夜空に淡《あわ》く光りはじめた。

——ひるまがほんとに長いこと！　昭代がつぶやいて新しい草を積《つ》んだ。

そのとたんに①松村さんの太った体がズシン！と昭代に体当たりしてはねとばした。二人がそろってシリモチをついた真ん中をピューッと栗色《くりいろ》の物体がとび出していった。

——キツネだ！

——にがすな！

男の子たちが同時にさけんだ。キツネは栗色のマリが転がるように草むらに消えた。谷川君が一っとびに走っていって棒《ぼう》でそこらをたたきまわす。岡田君はカンシャクをおこして下駄《げた》ばきのままで草の中を（　A　）ふみながら走りまわった。その二人の間から、も一度栗色のマリがポーンと女の子のほうへとび出した。

キャッ！　二人の女の子はエリマキにいつもキツネをほしがっているくせに、生きたエリマキにはひっかかれる、と思ったのでさっと道をひらいた。

キツネはその間をコーヒーが流れるように走りぬけた。行く手に草むらはない。林道が一本あるだけだ。

——それ、追え、追え！　梶川老人が号令《ごうれい》をかけて、五人は一せいに走り出した。

②キツネのほうはいのちをかけて四本足でつっ走る。四人はスポーツでもやっている気もちで二本足で走る。この心がまえからしてそもそもちがっている。たちまち距離《きょり》がひらく。五人とも息切れがして止まってしまった。

チクショーめ！　岡田君が断然《だんぜん》フンガイしてとび出した。今度はゲタを両手にもってハダシで力走した。キツネははじかれたようににげだした。しかし岡田君が立ち止まるとキツネも立ち止まってこちらをふりむき、小首かしげてみつめるのだ。その、人をコバカにしたようなハナ先めがけて敵意《てきい》を燃《も》やして、岡田君がゲタを投げつけた。——待てえ！

もうカンベンならぬ。つかまえて（　B　）にしてやらないと気がすまない！　が、キツネのほうはピョイととび上がり、たちまち右手の草むらをみつけて消えてしまった。まるで土の中に吸《す》いこまれたみたいに、きれいさっぱりなくなってしまったかっこうなのである。

③四人がかけつけたときは、アリいっぴきいない林の道だけが、しずかにセミの声をすいこんでいた。

(1) この場面の季節《きせつ》は春・夏・秋・冬のいつごろですか。また、それはどんな表現《ひょうげん》からわかりますか。文章中の言葉を使って十字以内で二つ答えなさい。(18点／一つ6点)

季節（　　）

表現

(2) （A）にあてはまる言葉を選《えら》び、記号で答えなさい。(8点)

ア コツコツと　イ しんちょうに

ウ メチャメチャに　エ しっかりと

（　　）

(3) （B）にあてはまる言葉を文章中からさがし、五字以内で答えなさい。(10点)

(4) ――線①「松村さん…はねとばした」とありますが、どうしてこんなことになったのですか。(10点)

（　　）

(5) ――線②はほかの部分とちがい、文末《ぶんまつ》が現在形《げんざいけい》ですが、これにはどのような効果《こうか》がありますか。(10点)

ア ほかの部分は過去《かこ》で、この部分だけが現在のできごとであることがはっきりする。

イ 文末を現在形にすることで、読者の目の前で動いているような感じをあたえる。

ウ 必死《ひっし》でにげるキツネと、それを追いかける人間との気持ちのちがいを強調する。

（　　）

(6) ――線③「四人」とはだれのことですか。すべて答えなさい。(24点／一つ6点)

（　　）（　　）（　　）（　　）

(7) キツネが二人の女の子の間をすばやく走っている様子を、比《ひ》ゆ(たとえ)を使って表している文をさがしてぬき出しなさい。(10点)

（　　）

(8) 次の文はもともと文章中に入っていたものです。これに続《つづ》く文の初《はじ》めの四字を書きなさい。(10点)

「すると十メートルも先にいるキツネも急ブレーキをかけて立ち止まり、ひょいとうしろをふりかえるのだ。」

（鳴門教育大附中―改）

チャレンジテスト②

答え▼別さつ9ページ

時間	合かく	とく点
20分	80点	点

1 次の文章を読んで、あとの問いに答えなさい。

日曜日の夕方——、校庭では、知らない子がふたり、一心に自転車の練習をしています。①良平《りょうへい》は、ほかに人影《ひとかげ》のないのを見さだめると、ほっとした顔つきになりました。

良平は、校庭をよこぎって、鉄棒《てつぼう》のところまで、まっすぐ歩いていきました。足場に立ってみると、鉄棒はにぶく光っていて、そのむこうに、青い空が、海のように見えました。良平は、そのまま、しばらくのあいだ、ぼんやり空をながめていました。そうしていると、②自分のからだが小さく小さくなって、しまいには消えていきそうになります。

そのとき、良平の心をよびさますように、③先生のことばが、よみがえりました。

良平は、目をしっかりひらいて、鉄棒をにらみました。すると、ふしぎなことに、④いままであんなに遠くにあった鉄棒が、急に、自分のほうへ近づいたようでした。

（中略《ちゅうりゃく》）

良平は、⑤もう、なんにも考えませんでした。からだが、だんだん、ほんもののバネに変《か》わっていくような気がしました。ブランコをこぐように、少しずつ力を増《ま》していく両うでに、良平は、これまでにないたのもしさを感じました。けんすいから、しりあがりの姿勢《しせい》にうつると、からだは、ひとりでに、鉄棒を軸《じく》にくるりと半回転し、つぎの瞬間《しゅんかん》には、もう、高い鉄棒に全身をささえて、良平は、校庭を見おろしていました。ほんとうに、あっけないくらいでした。自分のからだが、こんなに思いどおりになるなんて……。

良平は、ほこらしげに頭をめぐらして、あたりをながめました。すずしい風が、ほおをなでて吹《ふ》きすぎます。空は、いつのまにか、燃《も》えるような夕やけにそまり、だれもいない教室の窓《まど》ガラスは、ウンモのようにきらきら輝《かがや》いて、いまにも歌をうたいだしそうに見えました。

（ぼくは、いくじなしじゃないんだぞ。）良平は、心のなかでさけびました。ゆっくり、でんぐり返りをして、もとの姿勢にもどりながら、良平はつりさがりをしてみようと思いました。足だけ鉄棒にかけて両手をはなす、つりさがり。これまで、土に手のとどきそうな低《ひく》い鉄棒でさえ、一度だってしたことがなかったものです。

しかし、良平は、そのつりさがりを、⑥いま、どうしてもしなくてはなりませんでした。

(1) ――線①「良平は、…顔つきになりました」とありますが、それはなぜですか。(15点)（　　）

ア 先生に残《のこ》されていたのを、ほかの人に見つからずにすみそうだから。

イ 今までできなかったしりあがりを、人に見つからずに練習できそうだから。

ウ けんかして、だれとも会いたくなかったから。

(2) ――線②「自分の…なります」とありますが、このときの良平の気持ちを答えなさい。(15点)（　　）

ア 自分には鉄棒がとてもできそうにないという弱い(不安《ふあん》な)気持ち。

イ 日がくれてきて、自分の影が小さく小さく消えていきそうになってあせる気持ち。

ウ 自分のからだが大きくならないのではないかという心配な気持ち。

(3) ――線③「先生のことば」とは、どんなことばだったと思いますか。想像《そうぞう》して答えなさい。(10点)（　　）

ア 鉄棒より、ほかにできることがいっぱいあるさ。

イ 君は、鉄棒のできないいくじなしか。

ウ がんばって練習すると、きっとできるようになるから、毎日、鉄棒の練習をしなさい。

(4) ――線④「いままで…近づいたようでした」とありますが、それはなぜですか。(10点)（　　）

ア 歩いて近づいていったから。

イ 鉄棒が動いて、練習用にセットされたから。

ウ かならずしりあがりができるようになるぞと、良平が決心したから。

(5) ――線⑤「もう、なんにも考えませんでした」とありますが、それはなぜですか。あてはまる熟語《じゅくご》を書き入れなさい。(20点)

しりあがりをすることに［　　］しているから。

(6) しりあがりができた良平の目には、その気持ちをうつし出すようにまわりの景色《けしき》が見えました。どのように見えたか、その部分に〰〰線を引きなさい。(20点)

(7) ――線⑥「いま、どうしてもしなくてはなりませんでした」とありますが、なぜそう思ったのですか。(10点)（　　）

ア 日がくれるまで時間があまりないから。

イ 手がしびれて、つりさがりでなくては、もう鉄棒からおりられないから。

ウ しりあがりができたいまだからこそ、つりさがりもできると思ったから。

〈親和中―改〉

8 まとまりごとに読み取る

標準クラス

答え▼別さつ10ページ

1 次の文章を読んで、あとの問いに答えなさい。

①おとうさんは、とてもふとっていて、いつもにこにこしています。

②黒いふちのめがねをかけていますが、それをはずした時には、目がほそくなってぞうのように見え、めがねをかけている時には、とてもこわく見えますが、めがねをはずしている時には、だっこをしてもらいたくなるぐらいにやさしいのです。

③おかあさんは、おとうさんとちがって、とてもやせていて、スマートなからだつきをしています。

④とても、おしゃべりで、おかいものに行って、しった人にあうと、わたしたちがいるのもかまわずに、いつまでも話しています。

⑤だから、夕ごはんの時などに、でんわがこなければいいと、いのっているぐらいです。わたしたちのごはんのおかわりができないので、とてもこまってしまいます。

---

(1) 全体を二つの段落《だんらく》に分けて、（　）に番号を書き、だれのことについて書いてあるのかも答えなさい。

だれのこと

1の段落…（　）（　）　（　）
2の段落…（　）（　）　（　）

(2) ア「おとうさん」とイ「おかあさん」の、からだつきやせいかく・特《とく》ちょうを、それぞれ表にまとめなさい。

	からだつき	せいかく・特ちょう
ア		
イ		

(3) 文章中の――線を漢字になおしなさい。

・□《か》い□《もの》　・□《し》った人　・□《あ》う　・□□《でんわ》

2 次の文章を読んで、あとの問いに答えなさい。

①むかし、ひばりは、天上に住んでいた。
②ひばりは天の神様にお仕えして、楽しくくらしていた。
③ある日のこと、ひばりは、天の神様の使いになって地の神様のところへおりていった。
④使いの役目をはたして、天に帰ろうとしたとき、ひばりは、ふとあたりのけしきを見回した。
⑤そこには、きれいな花が、たくさんさいていた。
⑥青い水をたたえた湖が、光っていた。
⑦湖のほとりには、木が、こんもりしげっていた。
⑧遠くには、うすもも色の雲が、うかんでいた。
⑨ひばりは、そのけしきに見とれて、帰ることもわすれてしまった。
⑩そうして、ひとばん地上にとまってしまった。
⑪あくる日、急いで天にもどっていこうとすると、天の神様は、とちゅうで待っておられた。
⑫そうして、たいへんおこって、ひばりに言われた。
⑬「もう、ここから上にのぼってきてはいけない。」
⑭ひばりはおそくなったわけを言って、おわびをした。

⑮けれども、天の神様は、おゆるしにならなかった。
⑯今でも、ひばりは、「わたしは、ちゃんと使いをはたしてきました。どうか、天上へのぼらせてください。」と鳴きながら、空高くのぼっていくということである。

---

(1) この文章は四つに分けることができます。それぞれの段落は、何番の文から何番の文までですか。（　）の中に文の番号を書きなさい。

ア 第一の段落…（　）から（　）まで
イ 第二の段落…（　）から（　）まで
ウ 第三の段落…（　）から（　）まで
エ 第四の段落…（　）から終わりまで

(2) 次の段落のまとめは、(1)の四つの段落のうち、それぞれどれをまとめたものですか。（　）の中に段落の番号を書きなさい。

ア ひばりは今でも「天上へのぼらせてください。」と空高くのぼっていく。（　）
イ 地上へ使いにきたひばりは、美しいけしきに見とれて、ひとばん地上にとまった。（　）
ウ 帰りがおくれたひばりを、天の神様は、おゆるしにならなかった。（　）

8 まとまりごとに読み取る

ハイクラス

時間 25分
合かく 80点
とく点 点

答え▼別さつ10ページ

1 次の文章を読んで、あとの問いに答えなさい。

町の広場のまん中に、青《せい》どうのライオンは、どっしりとすわっていました。白く広い大理石の台ざの上に、太い足をのばして、ライオンは、ぐいっと、いかめしい顔をもたげていました。

ライオンの像《ぞう》には、ひややかなかがやきがありました。じっさい、どんなに暑い夏の日でも、ライオンの像はじんと冷《つめ》たかったのです。まるで、氷で作られているように。ちょっとふれただけでも、指がこおりついてしまいそうな冷たさでした。

［ A ］

ずっとむかしから、たくさんの人たちが、ライオンの像に願《ねが》いごとをかなえてもらってきました。

きいんとしみとおる冷たさに、気が遠くなってしまった人もいました。一時間もライオンのせなかに乗っていたために、こちんこちんにこわばって、台ざからころげ落ちた人もあります。かぜをひいて、一年中、鼻をぐずぐずいわせている人も、しも焼《や》けの治《なお》らない人もいました。

［ B ］

願いごとはいくらでもあったのです。

（瀬尾七重《せおななえ》「青どうのライオン」）

(1) 文章中の［A］、［B］には、次のア〜ウのどれが入りますか。(20点／一つ10点)　A（　　）B（　　）

ア
「ライオン、かわいそうだよ。いつも冷たいもの。」そう言ったのは、一人の男の子でした。

イ
けれども、町の人たちは、よくライオンのせなかに乗りました。ライオンの像には、願いごとをかなえてくれるふしぎな力がそなわっていたからです。

ウ
それでも、願いごとをかなえてほしくて、だれもかれも、よくばった自分かってな願いごとを山ほどかかえて、ライオンのせなかに乗りたがりました。
「なに、ほんのちょっとのしんぼうさね。願いごとがかなうのだもの。」と言いながら。

(2) ライオンの像の冷たさは、どれほどでしたか。(10点)
（　　　　）

(3) ライオンのせなかに乗っていた人たちの中には、どのようになった人がいましたか。四つあげなさい。（20点／一つ5点）

（　　　　）
（　　　　）
（　　　　）
（　　　　）

2 次の文章を読んで、あとの問いに答えなさい。

クロと別《わか》れて、①早くも五年の月日がたちました。安《やす》じいさんから、「ことしはめずらしく、くまがさわぎます。この冬は、お帰りになってはどうですか。」という、手紙が来ました。五年もこきょうに帰っていないし、用事もあるので、冬休みを利用《りよう》して帰ることにしました。わたしは、②久しぶりにこきょうの土をふみ、なつかしい思いで、改札口《かいさつぐち》を出ました。（　A　）、五、六才の子どもをはわしたような大きな犬が、いきなりとびついて来ました。クロです。なんとまあ大きくなったことでしょう。五年間も、わたしをわすれずにいてくれたのです。「こらこら、だんな様の洋服がよごれてしまうぞ。」むかえに来てくれた安じいさんが、大声でしかりつけました。クロはきまり悪そうにおをたれて、安じいさんの後ろで、小さくなってしまいました。（　B　）、③いかにも安じいさんを、ほんとうの主人と思いこんでいるかのようでした。よく日、安じいさんは、わたしにごちそうをするんだといって、クロを連《つ》れて、うら山へきじがりに行きました。そのとき、わたしは、④ちょうど、えんがわに出ておりました。「おい、クロ。」と、わたしはよびとめました。クロは、ウウウとあまえた声でわたしに近づき、二、三度、わたしの手のひらをなめましたが、じいさんが口ぶえをふくと、わたしをおきざりにして、じいさんのあとについて行ってしまいました。わたしは、クロが、初《はじ》めの主人でもあるわたしの方を、第二にしているのをなんとなく物足りなく思いました。（　C　）、わたしは一年だけせわしたばかりで、あとの五年は安じいさんがせわをしたのだから、やむをえないことと思いました。

(1) ——線①～④の言葉は、それぞれどの言葉をくわしく説明《せつめい》していますか。〰〰線を引きなさい。（24点／一つ6点）

(2) （　）の中には、どちらの言葉を入れるとよいでしょう。ふさわしいほうの言葉を○でかこみなさい。（12点／一つ4点）

A ｛そして／すると｝　B ｛それは／それも｝　C ｛やはり／しかし｝

(3) この文章を大きく分けると、四つになります。一、二、三の段落《だんらく》の終わりに『のしるしをつけなさい。（9点／一つ3点）

(4) 「わたし」を第二にしていることがわかるクロの行動に——線を引きなさい。（5点）

答え▼別さつ11ページ

1 次の文章を読んで、あとの問いに答えなさい。

兵十《ひょうじゅう》は立ち上がって、なやにかけてある火なわじゅうを取って、火薬をつめました。そして、足音をしのばせて近よって、今、戸口を出ようとするごんを、ドンとうちました。ごんは[A]とたおれました。

兵十はかけよってきました。家の中を見ると、土間にくりがかためて置《お》いてあるのが目につきました。

「おや。」

と、兵十はびっくりしてごんに目を落としました。

「ごん、おまい《(おまえ)》だったのか。いつもくりをくれたのは。」

ごんは、ぐったりと目をつぶったまま、うなずきました。

兵十は、火なわじゅうを[B]と取り落としました。青いけむりが、まだつつ口から細く出ていました。

(新美南吉《にいみなんきち》「ごんぎつね」)

(1) どんな事けんが起こったのですか。

（　　　　　　　　　　）

(2) 「青いけむりが、まだつつ口から細く出ていました」から、兵十のどんな気持ちがわかりますか。

（　　　　　　　　　　）

(3) [A]・[B]にあてはまる言葉はどれですか。ふさわしい言葉を○でかこみなさい。

A ばたり・どしり・ぽとん

B どすん・ばさり・ばたり

A（　　　） B（　　　）

2 次の文章を読んで、あとの問いに答えなさい。

きつねは、同じような方法《ほうほう》で、三回ほど、子ぎつねをたずねて来たきり、ばったり来なくなってしまいました。

「くさりにつながれている子ぎつねは、もう助けようもない、とあきらめてしまったのだろうか。早くくさりをといてやればよかったのだ。かわいそうなことをしてしまった。」

正太郎《しょうたろう》は、こう考えて、こうかいしました。

[A]、ふしぎなことに、あい変わらず、子ぎつねはあたえる食べ物はいっこう食べないのに、死にもせず、育っていきます。①このことに気がついて正太郎ははっと

しました。

「そうだ。親ぎつねは、たしかに、子ぎつねをたずねて来ているにちがいない。（中略《ちゅうりゃく》）」

正太郎は、寒い夜中に、二度も三度も起き出して、行ってみました。［B］、やっぱり、親ぎつねのすがたは見つかりませんでした。

日曜日でした。

雪どけのしずくが、ポットン、ポットン、静《しず》かに屋根から落ちている昼でした。正太郎は、なんの気なしに、子ぎつねのはこの方へ行きました。と、ガサッと、音がしました。おや、と思って、かけよってみましたが、子ぎつねのほかに、何のすがたもありませんでした。［C］、やわらかい地面に、きつねの足あとがついていました。

げんかんの方で、秋田犬《あきたけん》のほえる声がしました。②そのとき、正太郎は、きつねが昼間やってくるわけがわかりました。

「なるほど、犬は、昼の間つながれているのだ。親ぎつねは、どうして、③それを知ったのだろう。」

正太郎は、きつねのりこうなのにすっかりおどろいてしまいました。

---

(1) ［A］～［C］にあてはまる言葉はどれですか。

A（アそして　イつまり　ウところが　エそれで）

B（アしかし　イそれで　ウそして　エつまり）

C（アところが　イそれで　ウそして　エまた）

A（　　）B（　　）C（　　）

(2) ——線①「このこと」にあたる部分に＝＝線を引きなさい。

(3) ——線②「そのとき」とは、どのときですか。

（　　　　）

(4) ——線③「それ」とは、どういうことですか。

（　　　　）

(5) 正太郎は、何を「こうかい」したのですか。

（　　　　）

(6) 正太郎は、何に思いあたって、「はっとしました」とあるのですか。

（　　　　）

(7) 正太郎は、きつねのどのようなりこうさに、「すっかりおどろいて」しまったのですか。

（　　　　）

時間 20分
合かく 80点
とく点 点

答え→別さつ11ページ

1 次の文章を読んで、あとの問いに答えなさい。

由紀子《ゆきこ》が叫《さけ》んだ。

「せんせーい！」

ジャンプして、手を振《ふ》った。

石橋《いしばし》先生がいた。講堂《こうどう》に駆《か》け込《こ》んで、息をはずませ、肩《かた》を大きく揺《ゆ》すって、舞台《ぶたい》を見ていた。

笑顔《えがお》だった。いつものように笑《わら》って、笑って、笑って……①両手で大きな○印《じるし》をつくった。

②舞台袖《そで》から歓声《かんせい》があがる。

（中略《ちゅうりゃく》）

舞台の照明《しょうめい》がいっぺんに明るくなった。ここからは、新しく考えたラストシーンだ。クラス全員、由紀子を中心に舞台に並《なら》んだ。色画用紙を継《つ》ぎ合わせた大きな横断《おうだん》幕《まく》を、男子《だんし》みんなで広げた。

〈ゆかりちゃん　手術成功《しゅじゅつせいこう》おめでとう〉

横断幕は、もう一枚《いちまい》。こっちは女子《じょし》が広げた。

〈石橋先生　お世話になりました〉

由紀子が指揮《しき》をして、クラス全員で、校歌を歌う。その声は、客席《きゃくせき》にも（　　　）のように広がっていく。

（重松《しげまつ》　清《きよし》「きよしこ」）

(1) 石橋先生が急いでやってきたことがわかる部分を文章中からさがして、ぬき出しなさい。（10点）

（　　　　　　）

(2) ――線①・②は、それぞれだれがしたことですか。（10点／一つ5点）

①（　　　）　②（　　　）

(3) ――線①「両手で大きな○印をつくった」のは、どんなことを意味していますか。（10点）

（　　　　　　）

(4) （　）にふさわしいものはどれですか。（10点）

ア 草原　**イ** さざ波　**ウ** 追い風　（　　）

2 次の文章を読んで、あとの問いに答えなさい。

① このあいだ、北町《きたまち》の坂の上から、道の小石をけりながら歩いていたら、見当がくるい、小石が、道ばたの家のげんかんのガラス戸に当たってしまった。

② ガチャンという音がしたのと、家の中から、「だれだ」とどなる声がしたのと、いっしょぐらいだった。

③ 母に、「道で遊んではいけませんよ。」と言われていたのを守っておれば、こんなことにはならないのにと思った。

④ にげようか、あやまりに行こうか、とまよった。けれども、すぐ、ガラスをわられた家のおじさんが、大声でおこりながら出てきたので、どうしたらいいかわかった。

⑤ おじさんは、こわい目をして、ぼくのそばに来た。ぼくは、体ががたがたして、うまく言えなかったが、いっしょうけんめいあやまった。しかし、おじさんは、ぼくが、わざと石を投げたのだと思って、なかなかゆるしてくれなかった。そのとき、

「どうしたのですか。」

と言って、おじさんの前に立った人があった。

□はとなりの組の山本《やまもと》先生だった。

(1) ⑤段落《だんらく》の□にあてはまる言葉を、次から選《えら》んで書きなさい。(5点)

〔そこ　これ　それ　あれ〕　（　　）

(2) 次の文を書きくわえるには、どの段落の終わりに入れるとよいですか。番号を書きなさい。(10点)（　　）

ぼくは、はっとして、道のまん中に立ち止まってしまった。

(3) ③段落の「こんなこと」とは、どんなことですか。(10点)

（　　）

(4) ④段落の「どうしたらいいかわかった」という表現《ひょうげん》は、次のどれに書きかえるとよいですか。(10点)（　　）

ア あわててにげていった。
イ どうしようかと思うまがあった。
ウ あやまるべきだと思った。
エ どうしなくてもよいと思った。

(5) ④段落の中で、そのという言葉に書きかえると、すっきりするところがあります。その部分をぬき出しなさい。(10点)

（　　）

(6) 作者が音を表す表現を使っている段落はどれですか。番号を書きなさい。(5点)（　　）

(7) 「ぼく」の心の動きとして、ふさわしいものはどれですか。(10点)（　　）

ア おどろき→こうかい→不安→安心
イ 不安→こうかい→安心→おどろき
ウ おどろき→不安→安心→こうかい

10 出来事の流れをつかむ

標準クラス

1 次の文章を読んで、あとの問いに答えなさい。

入り口の戸をあけると、むんとした空気がいきなりシャリオンのからだをなでたが、シャリオンはおちついて、まどをあけ、へやの空気を入れかえた。それから、せのびをして、かべにかかっている空色の「わん章」をとって、シャツの上にピンでていねいにとめた。シャリオンは、しょかの前に立って、いっしょうけんめい本の番号をしらべた。シャリオンは、それから図書係のせきに着いた。つくえの上には、新しく来た本が一かさねと、うすいカードが一かさねおいてある。この仕事は、きょうシャリオンがやってしまわねばならない、仕事である。

(1) 次の（　）に、シャリオンがしたことの順番《じゅんばん》になるように番号を書き入れなさい。

（　）わん章をかべからとった。
（　）本の番号をしらべた。
（　）まどをあけた。
（　）図書係のせきに着いた。
（　）わん章をシャツにつけた。

(2) シャリオンは、どんな子だと思いますか。（　）

ア 仕事をゆっくりとする子。
イ 仕事をまじめにする子。
ウ 仕事を急いでする子。

(3) シャリオンが図書室に入ったのは、なぜですか。

（　）

(4) シャリオンがやってしまわなければならない仕事は、次のどれですか。（　）

ア 図書室をきれいにそうじすること。
イ 新しく来た本を整理してカードをつけること。
ウ 本の番号をしらべること。

2 次の文章を読んで、あとの問いに答えなさい。

仁和寺《にんなじ》にいたあるお坊《ぼう》さんが、年よりになった今までに、男山《おとこやま》の頂上《ちょうじょう》にある石清水《いわしみず》はちまんぐうにお参《まい》りしたことがなかったので、残念《ざんねん》に思い、ある時思いたって、ただひとり、歩いて出かけた。そして、男山のふもとにある、ごくらく寺やこうら神社を拝《おが》んで、これで全部お参りしたと思って帰ってしまった。

さて、帰ってきて、友だちのお坊さんに向かい、「①長

答え▼別さつ12ページ

年思っていたことを果《は》たしました。はちまんぐうは、うわさに聞いていた以上《いじょう》にりっぱで、ありがたいものでした。ところで、お参りに行った人たちが、みんなあれから山に登って行きましたが、山の上に何かあったんでしょうか。わたしも行ってみたいと思いましたが、はちまんぐうにお参りするのが目的《もくてき》だからと思って、山の上までは行ってみませんでした。」と言った。

②ちょっとのことにもその道の指導者《しどうしゃ》はもちたいものである。

（兼好法師《けんこうほうし》「徒然草《つれづれぐさ》」現代語訳《げんだいごやく》）

(1) ――線①「長年思っていたこと」とはどんなことですか。二十～二十五字でわかりやすく答えなさい。

(2) ――線②はだれの意見ですか。（　　）

ア 仁和寺のお坊さん　**イ** 友だちのお坊さん

ウ お参りに行った人々　**エ** 筆者

(3) この文章に題をつけるとしたら、次のうちのどれがよいですか。（　　）

ア 神だのみ　**イ** みえっぱり

ウ ひとりがてん　**エ** うわのそら

（聖徳大附属聖徳中―改）

3 次の文章を読んで、あとの問いに答えなさい。

これは、わたしが小さい時に、村の茂平《もへい》というおじいさんから聞いたお話です。

むかし、ある山の中に、「ごんぎつね」というきつねがいました。ごんは、ひとりぼっちの小ぎつねで、しだのいっぱいしげった森の中に、あなをほってすんでいました。そして、夜でも昼でも、あたりの村へ出ていって、いたずらばかりしました。畑へはいっていもをほりちらしたり、ひゃくしょう家のうら手につるしてあるとんがらしをむしり取って行ったり、いろんなことをしました。

（新美南吉《にいみなんきち》「ごんぎつね」）

(1) 「わたし」が聞いたのは、いつ、だれが、どこで、何をしたお話ですか。一文にして答えなさい。

（　　）

(2) 「いろんなことをしました」とは、具体的《ぐたいてき》にどんなことをしたのですか。

（　　）

10 出来事の流れをつかむ

ハイクラス

時間 25分
合かく 80点
とく点 点

答え▽別さつ12ページ

1 次の文章を読んで、あとの問いに答えなさい。

（「A少年」と「B少年」は、犬好《ず》きの少年である。）

　次の週が来るのを待ちかねて、AはBにたずねた。

「①こんどの日曜は、だいじょうぶだね。」

「うん、それがね……」

　Bは生《なま》返事をした。

「それが、といったって、この前ちゃんと約束《やくそく》したじゃないか。」

「うん、あと、二、三日たてば、はっきりするんだけど……」

　Aが②*けしきばむと、Bはあいまいな調子で答えた。

　家へ帰って、Aが祖母《そぼ》にBの③にえきらぬ態度《たいど》をうったえた。祖母はしばらく考えていたが、

「それはおまえ、Bさんは電車賃《でんしゃちん》がないのじゃないかしら。」

「まさか。」

　反射的《はんしゃてき》にそう答え、④いっそう強く言った。

「だって、そんな……」

　それは、祖母のことばに反対したというよりは、Aが祖母のことばに不意《ふい》をうたれたためである。

「あたしは、そうおもうね。ためしに、電車賃のことは心配しなくていい、といってさそってごらん。」

　祖母がそう言ったときには、Aはそのことばを正しいとおもっていた。Bが貧乏《びんぼう》なことはじゅうぶん承知《しょうち》していた。⑤だからこそ、Bを喜《よろこ》ばせようとおもって、さそったのだ。

　一度だけ、Bの家でおやつを出してくれたことがある。顔色のわるい小柄《こがら》なBの母が、ふかしたサツマイモを持って台所から出てきた。ふちの欠《か》けた小さな皿の上に㋐人《ひと》差指《さしゆび》くらいの太さの芋《いも》が、五本ほどのっていた。細いくず芋には、あちこちひょろひょろと長い毛がはえていた。

「こんなもの、おいしくないでしょうね。」

　Bの母親が、ちょっとおこったような口調でそういう前に、Aは*狼狽《ろうばい》に似《に》た気持ちになっていた。Bの家にとって、そのくず芋が貴重《きちょう》なものであることがわかったからだ。⑥Aはいそいでその芋をつまみあげ、口のなかに押《お》しこんだ。

　犬屋へ遊びにゆくことは、Bにとってもたのしいことにちがいない、とAは考えていた。犬屋へ行けば、歓待《かんたい》してもらえるはずだ。それに、遊園地へ行くのとちがっ

て、入場料《にゅうじょうりょう》も*遊戯券《ゆうぎけん》を買う金も不要《ふよう》なのだ。そうおもって、勢《いきお》いこんでBをさそったのだが、その場所へ行き着くための電車賃のことには、考え及《およ》ばなかった。

（吉行淳之介《よしゆきじゅんのすけ》「子供《こども》の領分《りょうぶん》」）

*けしきばむ＝おこったような様子を表す。　*狼狽＝あわてふためくこと。
*遊戯券＝遊園地などで、乗り物などを使って遊ぶための券。

(1) ――線①「こんどの日曜」とありますが、こんどの日曜に「A少年」と「B少年」は、何をしようというのですか。文章中からさがして八字で書きなさい。(10点)

(2) ――線②「けしきばむ」とありますが、なぜおこったような様子をしたのか、その理由《りゆう》を、文章中の言葉を使って二十五字以内《いない》で書きなさい。(15点)

(3) ――線③の「にえきらぬ態度」の意味として正しいものはどれですか。(10点)（　　）

ア 明るくない態度　**イ** はっきりしない態度
ウ おどおどした態度　**エ** あわてた態度

(4) ――線④「いっそう強く言った」のはなぜですか。

その理由の部分に〰〰線を引きなさい。(15点)

(5) ――線⑤「だからこそ、Bを喜ばせようとおもって、さそったのだ」とありますが、「B」が喜ぶだろうと思った理由を三つ書きなさい。(30点／一つ10点)

（　　）
（　　）
（　　）

(6) ――線⑥「Aはいそいでその芋をつまみあげ、口のなかに押しこんだ」とありますが、このときの「A」の気持ちを芋の味にたとえると、次のどれにあたるか、記号で答えなさい。(5点)（　　）

ア あまい　**イ** からい　**ウ** にがい　**エ** すっぱい

(7) ＝線あ「人差指くらいの太さの芋」のことを、作者は別《べつ》の言葉で表現《ひょうげん》しています。文章中からさがして五字でぬき出しなさい。(10点)

(8) 「A少年」の気持ちの変化《へんか》を次のように表したとき、（　）の中にあてはまる語句《ごく》を、あとの**ア**～**エ**の中から一つ選び、記号で答えなさい。(5点)

おこる――→（　　）――→くやむ

ア よろこぶ　**イ** かなしむ
ウ くるしむ　**エ** おどろく

〈滋賀大附中―改〉

チャレンジテスト③

1 次の文章を読んで、あとの問いに答えなさい。

冬のシベリア横断《おうだん》に続《つづ》いて、これから一ヵ月かけて夏のシベリアを横断していく予定なのだ。

五島列島《ごとうれっとう》の旅から帰ってきて二週間後にこのレニングラードにきてしまったので、私《わたくし》は①その準備《じゅんび》のあいだほとんど岳《がく》と一緒《いっしょ》にすごす、ということができなかった。そして出かけてしまったら一ヵ月、また彼《かれ》を放りっぱなしなのだ。

②「また帰ってきたらどこか伊豆七島《いずしちとう》の離《はな》れ島でも釣《つ》りにつれていくことにするかなあ……」

出かける数日前に私は妻《つま》にそんなことを言った。すると妻は、

「もういちいちそんなことしなくてもいいみたいよ。このごろあの子ね、あなたがいなくても別《べつ》にどうということもないみたい。好《す》きなように何か自分でどんどんやっているみたいだから……」などと言った。

「え？」

と、③思わず私は聞きかえしてしまった。

「いつもいないからって、あまりそのことで気にかける必要《ひつよう》はないみたいということよ」

「……」

「もうあの子、以前《いぜん》のようにあまり手を出さなくてもいいみたいなのよ」

そのとき妻の言っていることは私にはすこし意外なことだった。しかし私よりも確実《かくじつ》に④しっかりと ア毎日 岳と イ顔を ウつき合わせている妻の エ見ている 眼《め》の方が正確《せいかく》なのであろう。私は黙《だま》ってお茶を飲み、すこし中空に眼をすえたりした。それからふいに別のことを思い出した。

「あのなあ、⑤これは面白《おもしろ》い話なんだけれど、こないだのおれの新しい本『岳物語』をな、おれが五島列島から帰ってきた日にきちんとサインして岳にあげたんだ。これはおとうの書いた本だけれど特別《とくべつ》にお前にあげる……って言ってな」

「うんうん」

「そうしてこれはお前のことを書いた本なのだ、と言ったらなあ『「　A　」』って言ったよ」

「そうして表紙のルアーの絵を見てすこし笑《わら》ってね『じゃあ読んでみるかな』なんていって自分の部屋《へや》にもっていった」

答え▼別さつ13ページ

時間	25分
合かく	80点
とく点	点

「［ B ］」

「それでどうも気になってね、二十分ぐらいして岳の部屋をそうっとのぞきに行ったらね、あの本が部屋の隅《すみ》に放り投げてあった……」

「うんうん」

「それで、『どうした、読んでみたのか？』って聞いたらね」

「うんうん」

「『二頁《ページ》ぐらい読んだけどあまり面白くなかったからやめちゃった。だけど借《か》りておくよ』なんて言ってたんだよなあ……」

「［ C ］」

「うん」

「そんなして、もし岳にああいう本をむさぼり読まれたら気持悪いでしょう？」

と、妻は私の顔を下から見上げるようにして言った。私は正直に言うと何かそれでよかったような、少し物足りないような複雑《ふくざつ》な気持であったが、とりあえず妻には「［ D ］」というような顔をして頷《うなず》いた。

（椎名《しいな》 誠《まこと》「続《ぞく》 岳物語《がくものがたり》」）

(1) ——線①「その準備」とは、何の準備のことですか。(10点)

（　　　　）

(2) ——線②「また…するかなあ……」とありますが、「私」はなぜ岳を釣りにつれていこうと思ったのですか。(10点)

（　　　　）

(3) ——線③「思わず私は聞きかえしてしまった」とありますが、このときの「私」の気持ちを表す言葉を、本文中から八字でぬき出しなさい。(15点)

□□□□□□□□

(4) ——線④「しっかりと」が直接《ちょくせつ》かかっていく言葉はどれですか。本文中のア〜エの記号で答えなさい。(10点)

（　　）

(5) ——線⑤「これは面白い話なんだけれど」の「これ」が指す内容《ないよう》を二十字前後でまとめなさい。(15点)

(6) 文章中の空らん［A］・［B］・［C］・［D］にあてはまる言葉はどれですか。(40点／一つ10点)

A	
B	
C	
D	

ア ふーん、岳らしいわね　イ 本当ね

ウ うんうん！　エ そうだなあ　オ ふーん

（天理中—改）

チャレンジテスト④

答え▼別さつ13ページ

時間 25分　合かく 80点　とく点　点

1 次の文章を読んで、あとの問いに答えなさい。

じいとしま子をのせて、舟《ふね》は動く。

じいがわらっているように、じいの舟も海へでて、うれしいのだ。ひっちゃ、ひっちゃ、①波をたたいてわらっている。

「じい、どこへ、いくん?」

しま子はぼうしのひもをしっかりにぎって、遠のいていく浜《はま》を見る。しま子の足あとも、じいの舟のあとも、ただ白く光っているだけだ。舟小屋のトタンやねも光っている。カキの木のむこうの、二階やねのずっとうえのほうに、じいの家が見える。もうすぐ空家《あきや》になってしまう家だ。しま子たちと三時の船にのって、じいは町へいく。町のしま子の家はやお屋だ。レタスやダイコンがあいてじゃ、じいには気のどくだけど、店のほうも手伝《てつだ》ってもらいますよと、母《かあ》ちゃんははりきっている。でも、じいは、②ちっともうれしそうじゃない。朝から、海ばかり見てた。海へいっといでよ、しま子とふたりで、と母ちゃんがいったとき、③きょう、はじめて、じいの顔がわらったんだ。じいは、ほんまに海がすきなんだな、ずうっとこの島へ、じいは*おりたいのかもしれん、こうやって舟をこいで、じいはさかなとりにいきたいのかもしれんな、としま子は思う。

「……じいは、きょう、町へくるんじゃろ。」

しま子の声、じゃぼ、じゃぼ、じゃぼっと、波がけしてしまう。沖《おき》へでたのだ。波が白い。

じいは力いっぱい*ろをこぐ。むっすり口をつむって、ろをこぐ。

舟は、走る。波へのって東へ走る。

風が、じいのシャツを[A]させる。

しま子のほおも[B]する。冷《つめ》たい海の風だ。

あっ、バケツのエビがはねた。一ぴき、しま子の足のところへとんできた。

「このエビ、みんな、生きとるんじゃね!」

④エビのひげつまんで、バケツへなげこむ。

「じい、どこへ、もっていくん?」

「友だちのとこよ。」

「じいの友だち?」

「エビのすきなやつじゃ。五郎《ごろう》のとってくるエビを、あいつは、ようくらいおった。」

しま子は、ちょっとわかったような、やっぱりわからないような気がして、じいの顔を見る。海の風があたって、すっかり茶色になったごっつい顔が、つやつや光っている。

じいはろをこぐ。力いっぱいこぎつづける。

いつのまにか、⑤じいの島は、小さくなった。

（大野充子《おおのみつこ》「しま子とじいの海」『海っこの貝がら』）

*おりたい＝「いたい」ということ。　*ろ＝舟をこぐ太いぼう。

(1) ――線①「波をたたいてわらっている」とありますが、わらっているのは何ですか。本文中から四字でぬき出しなさい。(10点)

(2) ――線②「ちっともうれしそうじゃない」とありますが、じいはどんなことに気がすすまないのですか。(10点)

（　　）

ア しま子をのせて、舟をこぐこと。

イ 三時の船にのって、町へ遊びにいくこと。

ウ カキの木の見える自分の家を、はなれること。

エ 町の家にひっこして、やお屋を手伝うこと。

(3) ――線③「きょう、はじめて、じいの顔がわらったんだ」とありますが、それを見たしま子は、本当はじいはどんなことをしたいのだと思いましたか。二つ書きなさい。(30点／一つ15点)

（　　）

（　　）

(4) A・B にあてはまる言葉を次の中から選《えら》び、記号で答えなさい。(10点／一つ5点)

ア ぐいぐい　**イ** ひりひり

ウ ぱらぱら　**エ** ひらひら

A	B

(5) ――線④「エビのひげつまんで、バケツへなげこむ」とありますが、じいはなぜそうしたのですか。(10点)

（　　）

ア きけんなエビを、たいじするため。

イ エビをとって、しま子の店で売るため。

ウ エビのすきな友だちを、よろこばせるため。

エ 五郎のとってくるエビに、たいこうするため。

(6) じいが海の男であることが分かるじいの顔の表現《ひょうげん》を、本文中から二十四字でぬき出しなさい。(10点)

(7) ――線⑤「じいの島は、小さくなった」のはなぜですか。かんたんに書きなさい。(20点)

（　　）

11 情景《じょうけい》を想像《そうぞう》する

標準クラス

1 次の詩を読んで、あとの問いに答えなさい。

太い鉄の手が
ざくーん
石炭の山に、ぶっつかった。
がぶっと、石炭をくわえると、
ゴジラのような首をまわして、
船に持っていった。
だだっと、石炭がはき出された。
海は、夕焼《ゆうや》けで、
赤いじゅうたんのようにゆれている。

(1) この詩に題をつけるとしたら、次のどれがふさわしいですか。（　　）
ア 石炭船　**イ** 夕焼けの海　**ウ** クレーン

(2) 次の言葉は、どのような様子を表していますか。
① ゴジラのような
（　　）
② 赤いじゅうたんのようにゆれて
（　　）

(3) この詩は、何を表そうとしているのですか。（　　）
ア 石炭を運ぶには、ゴジラのような力がいる。
イ クレーンが石炭を運ぶすがたは美しい。
ウ クレーンの大きな力にたいする作者のおどろき。

(4) 作者は何を見ていますか。（　　）
ア 赤いじゅうたんのような海
イ 船に石炭を積《つ》みこむクレーンの動き
ウ 太い鉄の手

(5) 作者は何に感動していますか。（　　）
ア 石炭の山
イ クレーンの大きな力
ウ 赤いじゅうたんのような海

2 次の詩を読んで、あとの問いに答えなさい。

夕ごはんの時、
「プーン」とにおってくる
（A　）
今年初《はじ》めてだ。

答え▼別さつ14ページ

台所までにおいにつられていった。
母が、
「このまつたけは、東京《とうきょう》では千円もするんよ。」
と、わらいながらいった。
わたしは、
わたしの口に入るまつたけは
何円ぶんか、と思うと
（Ｂ　）
のどにひっかかりそうだった。

(1) 右の詩の（Ａ）・（Ｂ）にあてはまる言葉を選《えら》び、記号を書き入れなさい。
ア きのこのにおいだ
イ まつたけ
ウ ぶっかのにおいがして
エ たまらなくなって

(2) 作者は、何を表そうとしていますか。（　　）
ア 高いまつたけにびっくりした様子。
イ まつたけが食べたくなったこと。
ウ 今年初めてのまつたけについて。

(3) この詩を読んで、どんな感じがしますか。（　　）
ア やさしい感じ　**イ** 力強い感じ
ウ 楽しい感じ

---

3 次の詩を読んで、あとの問いに答えなさい。

キャッチボール　原田直友《はらだなおとも》

空にボールを
投げ上げる
ボールは細く小さくすいこまれ
空がかた手でひょいと受け止める
「いくぞ」
こんどは空が
力いっぱい投げ返す
ボールはぐんぐん大きくなって
うなりながら
一直線に飛《と》んでくる
「ナイス　キャッチ」
空が
カラ　カラ　わらう

(1) 作者は、何人でキャッチボールをしていますか。ふさわしいものを一つ選び、そう考えた理由《りゆう》も書きなさい。
ア 一人で　**イ** 二人で　**ウ** 三人以上《いじょう》で（　　）
理由（　　）

11 情景《じょうけい》を想像《そうぞう》する

ハイクラス

時間 20分
合かく 80点
とく点 点
答え▼別さつ14ページ

1 次の詩を読んで、あとの問いに答えなさい。

つつじの花
田中冬二《たなかふゆじ》

わか葉した山々のところどころに
火のようにもえているつつじの花
麦のほも出そろった
あかるいえんがわではちみつのびんに
レッテルをはっていた
げんげ*の花のみつであった
家の中で時計が十一時を打った。

*げんげ＝れんげ草のこと。

(1) この詩のつくられた季節《きせつ》はいつですか。(5点)
ア 春のはじめ　イ 秋
ウ 夏のはじめ　エ 冬のはじめ
オ 夏
(　　)

(2) (1)の季節がわかる言葉を詩の中から4つぬき出しなさい。(12点／一つ3点)
(　　)(　　)
(　　)(　　)

(3) 作者は今どこにいますか。(5点)
ア 麦ばたけ　イ あかるいえんがわ
ウ わか葉した山　エ げんげのさく野原
(　　)

(4) この詩は七行で作られていますが、内容《ないよう》から三つに分けられます。二つ目と三つ目の初《はじ》めの行を、行の上の番号で答えなさい。(8点／一つ4点)
二つ目(　　)　三つ目(　　)

(5) 作者は、この詩によってどんな感動をのべようとしていますか。(10点)
ア 外は明るくのどかである。何の音もない。ただ時計の音だけが聞こえてくるような静《しず》かさ。
イ 作者はみつばちをかっているのである。その仕事のいそがしい中での楽しさ。
ウ ひろびろとして美しい自然《しぜん》の中での明るく、のどかでゆったりとした楽しさ。
(　　)

(6) 作者の目にうつっている景色《けしき》の色を書きなさい。(20点／一つ5点)
① 山々……(　　)　② つつじの花(　　)
③ 麦のほ…(　　)　④ はちみつ…(　　)

2 次の詩を読んで、あとの問いに答えなさい。

花のいのち　大木《おおき》 実《みのる》

花はあけがたの
どういう時刻《じこく》にひらくのだろう
井戸《いど》の近く　朝あさ咲《さ》いて
水をくむたび　あざやかなすがたにひかれる
けさ　ぼくは早起きした
かたわらに立ち　あけがたひらく
花の秘密《ひみつ》を知ろうとおもった
①空にはまだ星があった
そしたら母に呼《よ》ばれた
家にはいって②急いでもどった
その短いあいだに　いつものように
花はあざやかにひらいてぼくを待っていた

(1) この詩を大きく二つの段落《だんらく》に分けるとすると、どこで切れますか。二段落目の最初《さいしょ》の行の番号を書きなさい。（10点）
（　　）

(2) ――線①「空にはまだ星があった」とあります。「まだ星があった」というのは、空のどんな様子を表していますか。（10点）
（　　）

ア まだ暗くて星がかがやいている様子。
イ 空がぼんやりくもっている様子。
ウ あけがたで少し空が明るくなっている様子。
エ 夜があけきっている様子。

(3) ――線②「急いでもどった」とありますが、それについて、次の問いに答えなさい。（10点／一つ5点）

① ぼくは、どこへもどったのですか。
（　　）

② なぜ、急いでもどったのですか。
（　　）

（静岡英和女学院中―改）

3 次の詩を読んで、あとの問いに答えなさい。（10点）

いつもゴットリゴットリと、
ぼくの心ぞうは、ひっきりなしに動く。
ぼくは生きている。
走って急に止まっても、
コトコト、めざまし時計より速く動く。
ドクドクと手にひびいてくる時は、
きん肉がしまるような感じだ。
ぼくは、ときどき、ぼくの心ぞうの音を聞く。

(1) 詩の中の言葉を使って、この詩に題をつけなさい。
（　　）

12 作者の思いを読み取る

標準クラス

1 次の詩を読んで、あとの問いに答えなさい。

りかの時間
こおろぎのかんさつをしていた。
みんないっしょうけんめい
ノートに書いている。
シュル、シュル
えんぴつの音だけが走っている。
その時、
「リューロ、リューロ、ロ、ロ、リーン」
と、こおろぎが鳴き出した。
みんなの目が、
声にすいつけられていった。
みんなの耳も大きくなったようだ。
先生もおこらずににっこりと笑《わら》って
こおろぎにすいつけられていた。

(1) 作者の書きたかったことは何ですか。
ア こおろぎ　**イ** みんなの様子　**ウ** 先生の様子　(　　)

(2) 「みんなの目が、／声にすいつけられていった」のはなぜですか。
(　　)

(3) 先生もおこらなかったのは、なぜですか。　(　　)
ア きげんがよかったから。
イ みんなのおぎょうぎがよかったから。
ウ こおろぎの声に心ひかれていたから。

2 次の詩を読んで、あとの問いに答えなさい。

1 白いタクトをもった。
2 手のひらが、むずむずする。
3 足が、ふるえる。
4 みんなの目が、ぼくをにらんでいる。
5 しんけんな顔だ。
6 思いきってタクトをあげた。
7 みんな、さっと用意をした。
8 息をすいこんで、タクトをふった。
9 ぼくのタクトに合わせて、

答え▼別さつ15ページ

つぎつぎと音が飛《と》び出す。
いろいろの音が流れていく。
ぼくのタクト一本で、
音楽がわき出てくるのだ。
ぼくは、とくいだ。
大きくふれば、音はふくらむ。
小さくふれば、音はしぼむ。
もう、終わりだ。
タクトを横にふった。
音の波が、すうっと消えた。
ほっとした。
タクトは、まだぴくぴくしている。

(1) この詩の題としてふさわしいものはどれですか。（　　）

ア ぼくと音楽
イ ぼくはしきしゃだ
ウ タクトとえんそう
エ タクトのはたらき

(2) この詩は、何について書いたものですか。（　　）

ア しんけんな顔でえんそうしている人たちの様子。
イ タクトをふっている「ぼく」の心の動き。
ウ えんそうでは、タクトのふり方が大事であること。

---

(3) この詩を読んで、どんな感じがしますか。（　　）

ア やかましい感じ
イ にぎやかな感じ
ウ 明るい感じ
エ いきいきした感じ

(4) 次のそれぞれの行には、作者のどんな気持ちが表れていますか。あとの**ア**～**カ**の中から選《えら》び、記号で答えなさい。（同じ記号は一度しか使えません。）

2…（　　）　3…（　　）　6…（　　）
8…（　　）　14…（　　）　20…（　　）

ア かたくなっている　**イ** 心配
ウ まんぞく　**エ** はりきっている
オ ゆう気を出した　**カ** 安心

(5) 詩の最後《さいご》の21行目にある「タクトは、まだぴくぴくしている」という言葉から、どんなことがわかりますか。（　　）

ア えんそうが終わっても、しばらくタクトをふっていた。
イ とめようとしてもタクトの動きはとまらなかった。
ウ 作者の気持ちは、まだ、しずまっていない。

答え▼別さつ15ページ

時間 20分
合かく 80点
とく点　点

1 次の文を読んで、あとの問いに答えなさい。

①うちの庭は
②あなた方のおべんじょではない。
アリのアパートと
イチゴの芽《め》とで
もういっぱいなんです。
それでもやるっていうのなら
ほかに③場所がないっていうのなら
ひとこと
④あいさつをしたらどうですか。
こんどどろを掘《ほ》るところを見つけたら
水をかけます。
⑤あしからず。

(1) ――線①「うちの庭」にあるものは何ですか。詩から二つぬき出しなさい。(10点／一つ5点)
(　　)(　　)

(2) ――線②「あなた方」に最《もっと》もふさわしいものはどれですか。(5点)　(　　)

ア もぐら　**イ** ねこ　**ウ** 子ども　**エ** アリ

(3) ――線③「場所」とはどこのことですか。文章中の言葉で答えなさい。(5点)
(　　)

(4) ――線④「あいさつ」として、次のうちのどれが最もふさわしいですか。(10点)　(　　)

ア こんにちは　**イ** 失礼《しつれい》します
ウ ありがとう　**エ** あしからず

(5) ――線⑤「あしからず」の意味として、次のうちのどれが最もふさわしいですか。(10点)　(　　)

ア 悪いけれどしかたがない。
イ 悪いことしてすみません。
ウ 悪く思わないでほしい。

(6) 作者はどんな人だと思いますか。(10点)　(　　)

ア 礼儀《れいぎ》正しい人
イ きれいずきな人
ウ 自然《しぜん》を大切にする人
エ ユーモアのある人

〈大谷中―改〉

2 次の詩を読んで、あとの問いに答えなさい。

母のせなかをじっと見ていると
前よりもずっと
ほそくなっていた
血も出ていた
毎日たくさんのまきが
このせなかにのる
わたしの本代も
勉強のどうぐも
みんなこのせなかにのったのだ。
わたしは力いっぱいさすってやった

(1) この詩を三つに分けるには、どこで分けたらよいでしょう。一つ目・二つ目の終わりの行を、番号で答えなさい。（10点／一つ5点）

一つ目（　　）　二つ目（　　）

(2) このお母さんの仕事は、どんな内容《ないよう》ですか。それが表れているところを、番号で答えなさい。行がまたがるときは、両方の番号を書きなさい。（5点）

（　　）

(3) (2)の仕事が重労働《じゅうろうどう》であることがわかるところを二つ選《えら》び、番号で書きなさい。（10点／一つ5点）

（　　）（　　）

(4) 7・8・9行の部分はどういうことをいっていますか。次の文の□に最もよくあてはまる言葉を、ひらがな三字で答えなさい。（10点）

「わたしの本代があるのも、勉強のどうぐがあるのも、みんなお母さんの□です。」

□□□

(5) 作者の母に対する気持ちがいちばんよく表れているところを一つ選び、番号で答えなさい。（5点）

（　　）

(6) 作者は、何をいおうとしてこの詩をつくったのですか。（10点）

（　　）

ア 生活につかれている母を見て悲しい気持ち。

イ 毎日いっしょうけんめいに働《はたら》いている母をたたえる気持ち。

ウ 毎日自分たちのために働いている母へのいたわりと感謝《かんしゃ》の気持ち。

エ 農村のお母さんの毎日の労働生活に対してえらいなあと思う気持ち。

オ まずしい生活をなげき悲しむ気持ち。

13 表現《ひょうげん》の工夫《くふう》に注意する

標準クラス

答え▼別さつ15ページ

1 次の詩を読んで、あとの問いに答えなさい。

［　　　　］

原田直友《はらだなおとも》

かぼちゃのつるが
はい上がり
はい上がり
葉をひろげ
葉をひろげ
はい上がり
葉をひろげ
細い先は
①竹をしっかりにぎって
屋根の上に
はい上がり
短くなった竹の上に
はい上がり
小さなその先たんは
いっせいに
赤子《あかご》のような手を開いて
ああ　今
②空をつかもうとしている

(1) この詩の題名としてふさわしいものはどれですか。（　　）

ア 竹
イ 空をつかむ手
ウ かぼちゃのつるが

(2) 「はい上がり」「葉をひろげ」など、同じ言葉がくり返してできますが、それはなぜですか。（　　）

ア 力強くぐんぐんのびている様子を表すため。
イ リズミカルに、ゆかいな感じを表すため。
ウ 二本のつるのことを表すため。

(3) ――線①・②のようなことをしているのは、何ですか。

（　　　　　　　　）

(4) (3)の細い先がしていることを、何か別《べつ》のものがしているようにたとえています。そのたとえているものは、何ですか。

（　　　　　　　　）

2 次の詩を読んで、あとの問いに答えなさい。

竹のように

竹中《たけなか》 郁《いく》

のびろ　のびろ
まっすぐ　のびろ
こどもたちよ
竹のように　のびろ

風をうけて　さらさらと鳴れよ
日をうけて　きらきらと光れよ
雨をうけたら　じっとしてろ
雪がつもれば　いっそうこらえろ

石をなげつけられたら
かちんとひびけ

ぐんぐん　根をはれ
土の中で　その手と　その手を
がんじがらめに　にぎりあえ
竹　竹　竹　竹のように
のびろ
五月のみどりよ　もえあがれ

---

(1) この詩では、子どもを何にたとえていますか。
（　　　）

(2) 次の部分は、それぞれ何のことをたとえていますか。ふさわしいものを線で結《むす》びなさい。

① 風をうけて　・　　・ア 理くつにあわない、ひどいことをされたら
② 日をうけて　・　　・イ 何か、物事をするにあたって
③ 雨をうけたら　・　　・ウ とても、むずかしいじょうたいになっても
④ 雪がつもれば　・　　・エ チャンスがあれば
⑤ 石をなげつけられたら　・　　・オ つらい事があったら

(3) ——線「その手と…にぎりあえ」の部分で、作者は子どもたちに何が大切だといいたいのでしょうか。
（　　　）

ア 力くらべ　イ 協力《きょうりょく》　ウ あく手

(4) この詩の文末《ぶんまつ》には、命令形《めいれいけい》が多く使われています。こうすることで、どのような気持ちを表していると思いますか。
（　　　）

ア 竹の力強さを知らないことをおこっている。
イ 力強く成長してほしいとはげましている。
ウ 竹のように早く成長しろとせかしている。

時間 20分　合かく 80点　とく点　点

答え▼別さつ16ページ

1 次の詩を読んで、あとの問いに答えなさい。

①力いっぱいふんで見よ
ズシリとこたえる大地の
なんとたのもしいことだろう
木のみきをのぼり
やがてえだのさきにふき出すもの
かげろうとなって
やがてもえ出すもの
*いてついた土の下に
②それらはぎっしり
ひしめいている
期待は水たまりに光って
少年のように（　）目をひらき
すんだ空を見上げている。

*いてついた＝こおりついた

(1) この詩を三つに分けるとき、二つ目と三つ目の初《はじ》めの行は、それぞれ何行目ですか。（10点／一つ5点）

二つ目（　）行目・三つ目（　）行目

(2) この詩の題名としてふさわしいものはどれですか。（5点）（　）

ア 期待　イ 少年　ウ 大地
エ かげろう　オ 水たまり

(3) この詩の季節《きせつ》はいつですか。（5点）（　）

ア 夏のはじめ　イ 冬の終わり
ウ 春のさかり　エ 秋の終わり

(4) 季節を最《もっと》もよく表している行の数字を書きなさい。（10点）（　）

(5) 1行目の「①力いっぱいふんで見よ」とは、何をふんでみるのですか。（5点）（　）

(6) ぎっしりひしめいている「②それら」とは何と何のことですか。それぞれ六字でぬき出しなさい。（完答10点）

□□□□□□ と □□□□□□

(7) 12行目の（　）の中に入る言葉として、ふさわしいものはどれですか。（5点）（　）

ア パッチリ　イ ドンヨリ
ウ ネムタゲニ　エ ホッソリ

〈大手前高松中―改〉

2 次の詩を読んで、あとの問いに答えなさい。

今日は①一日あかるくにぎやかな雪ふりです。
ひるすぎてから
わたくしのうちのまわりを
②おおきな重いあしおとが、
いくどともなく行きすぎました。
わたくしはそのたびごとに
もう一年も返事を書かない
あなたがたずねてきたのだと
じぶんでじぶんに教えたのです。
そしてまったく
③それはあなたのまたわれわれのあしおとでした。
なぜならそれは
④いっぱいつんだこずえの雪が
地面の雪に落ちるのでしたから。

（宮沢賢治《みやざわけんじ》）

(1) この詩のよまれた季節として、ふさわしいものはどれですか。（5点）（　）
ア 秋の終わり　**イ** 冬のはじめ　**ウ** 春のはじめ
エ 冬の中ごろ　**オ** 春の中ごろ　**カ** 冬の終わり

(2) 「①一日」には次のような意味があります。この詩に使われている意味はどれですか。（5点）（　）
ア 二十四時間　**イ** 朝からばんまで
ウ 月のはじめの日　**エ** ある日

(3) 「②おおきな重いあしおと」とは、何の音ですか。詩の中の言葉を使って答えなさい。（10点）
（　）

(4) 「③それ」とありますが、何を指していますか。（5点）
（　）

(5) この詩をつくったときの作者の気持ちは、次の語のどれにいちばん近いですか。（5点）（　）
ア あかるく　**イ** にぎやかな　**ウ** 重い

(6) 「④いっぱいつんだこずえの雪が／地面の雪に落ちる」のは、どうしてですか。（10点）
（　）

(7) 「あなた」は人間以外《いがい》のものと考えられますが、次のどれですか。（5点）（　）
ア 雪　**イ** ゆうびんやさん　**ウ** 春

(8) この詩で作者がいおうとしていることは、次のどちらですか。（5点）（　）
ア 雪がとけるときはにぎやかだ。
イ もうすぐ春がくるのでうれしい。
ウ 一年も返事をくれないあなたへの文句《もんく》。

（甲陽学院中―改）

チャレンジテスト⑤

時間 20分
合かく 80点
とく点 　点

答え▼別さつ16ページ

1 次の詩を読んで、あとの問いに答えなさい。（40点／一つ8点）

アンデルセン童話集の
「マッチ売りの少女」を読んだ。
読んでいるうちに
なみだが出てきた。
茶の間から、
にいさんや、ちえ子や、ゆずるたちの、
たのしそうな話し声が聞こえてくる。
その声は、まるで
雪のふる寒いばんに、
マッチ売りの少女が、
まどの下で聞いた、
よそのうちの話し声みたいだ。

(1) 「マッチ売りの少女」を読んだ作者は、どんな気持ちになりましたか。
（　　　）

(2) 「その声」とは、どんな声のことですか。（　　）
ア マッチ売りの少女の声
イ にいさんたちの話し声
ウ 自分の声

(3) 今、この詩の作者は、どこにいるのですか。（　　）
ア おかあさんと台所にいる。
イ 茶の間にみんなといる。
ウ 自分の部屋《へや》に一人でいる。

(4) この詩の作者は、どんな人ですか。（　　）
ア やさしい心のもち主　**イ** 強い心のもち主
ウ すぐにめそめそする、なみだもろい人

(5) この詩が生まれたのは、どんなことがきっかけになっていますか。（　　）
ア 「マッチ売りの少女」を読むよりも、にいさんたちと話すほうが楽しそうだなと思ったこと。
イ にいさんたちの話し声が、「マッチ売りの少女」が雪のふるばんに聞いた話し声のように聞こえたこと。
ウ 「マッチ売りの少女」を読んで泣《な》いたことを、にいさんたちには見つからないようにしたいと思ったこと。

2 次の詩を読んで、あとの問いに答えなさい。（40点／一つ8点）

山のふもとまで続《つづ》いている

青いレール
青い、青い、麦のレール。
風がふくと、
右に左にまがって
通れなくなってしまう。
風がやんだら、急いで行こう。
きっと、ひばりがびっくりして
飛《と》びたつだろうよ。

(1) 作者は、どこにいますか。（　　）
ア 山のふもと　**イ** 麦畑の中　**ウ** 麦畑のそば

(2) 「青いレール」というのは、麦のどんな様子をいったものですか。（　　）
ア 麦のほがたくさん出ている様子。
イ 麦畑の麦が、ずっと遠くまでならんでいる様子。
ウ 麦畑がレールのような道のまわりに続いている様子。

(3) 「風がふくと、／右に左にまがって」というのは、どんな様子を表していますか。（　　）
ア 麦畑が右や左へまがりながら続いている様子。
イ 道が右に左にまがっていることが、風がふくと、麦がゆれてやっとわかる様子。
ウ 麦が風で左右にたおれる様子。

(4) 「通れなくなってしまう」のは、だれがどこを通れなくなるのですか。（　　）

(5) 「ひばりがびっくりして／飛びたつ」のはなぜですか。（　　）
ア ひばりは、麦畑に巣《す》をつくるので、作者が麦畑の中を急いで行くと、おどろいて飛びたつから。
イ ひばりは麦を食べに、畑の中に入っているので、人が来るのがわからず、あわてて飛びたつから。
ウ ひばりは強い風をよけるために麦畑に入っていたので、風がやんだら、あわてて飛びたつから。

3 次の詩を読んで、あとの問いに答えなさい。（20点／一つ10点）

算数の時間、つくえの下にけしごむが落ちた。
拾おう、と思って、下から見ると、
きちんとした足、おぎょうぎのわるい足
太い足、ほそい足が
竹やぶのようにならんでいる。
ぼくは、けしごむを拾うと
足をちゃんとしなおした。

(1) この詩は、どんな心でつくったものですか。（　　）
ア おどろき　**イ** さけび　**ウ** いかり
エ かなしさ　**オ** さびしさ

(2) この詩は、どんなときに生まれましたか。
（　　）

14 目的《もくてき》に応《おう》じて読み取る

標準クラス

1 次の文章を読んで、あとの問いに答えなさい。

飛行機雲《ひこうきぐも》とは、いったいなんでしょう。それは、飛行機が空を飛《と》んだために新しくできた雲なのです。飛行機が空にうかんでいる雲をひっぱったものではありません。①そのしょうこには、飛行機雲は、雲一つない空にもできることがあります。

では、飛行機が飛ぶと、どうして、雲ができるのでしょう。

飛行機は、ガソリンをもやして、その力で空を飛びます。みなさんは、自動車やオートバイが走るとき、後ろから、むらさき色のガスを出すことを知っていますね。飛行機もガスを出しながら飛んでいるのです。そのガスの中の細《こま》かいつぶに、空の水じょう気がしみついて、水玉を作るのです。

②これが、飛行機雲です。□、もし、自動車やオートバイが高い空を飛ぶことができたら、自動車雲やオートバイ雲もできるわけです。

(1) ①この文章には何が書かれていますか。（　）

ア 飛行機はなぜ空を飛ぶか。

イ 飛行機雲の正体。

ウ 飛行機雲と自動車雲のちがい。

② ①を読み手に問いかけているところに〰〰線を、その答えにあたるところに═══線を引きなさい。

(2) □にふさわしい言葉はどれですか。（　）

ア そして　イ けれども　ウ だから　エ しかし

(3) ──線①・②はそれぞれ何を指していますか。

① 「その」
（　　　　）

② 「これ」
（　　　　）

2 次の文章を読んで、あとの問いに答えなさい。

寒暑の差《さ》がはげしいのも、砂丘《さきゅう》のとくちょうです。夏の日中などは、やけどするようで、す足では、とても歩けません。が、反対に、夜になると、急に冷《ひ》えてしまう

答え▼別さつ17ページ

のです。こんな所ですから、とても生物がいるとは思えないでしょう。[A]、ふしぎなもので、砂丘には、砂丘に合うような動物や植物が、ちゃんと生きているのです。

植物の根は、ふつうよりも広がっていたり、長くのびていたりして、地中の水分を、よくすい上げるようになっています。長さ三十メートルの地下けいをもつものもあります。葉も、あつくて、表につやのあるものが多く、水分のじょうはつをふせいだり、光をはんしゃしたりするようになっています。[B]はみな、このすな地に成《せい》長《ちょう》するためのしくみなのです。

ここでは、くもがよく目につきます。どのくもも、からだの色が、すなとよくにています。砂丘で生活しやすいように、[C]、色が変化《へんか》したものです。

(1) [A]～[C]にあてはまる言葉はどれですか。記号で答えなさい。

A（　）B（　）C（　）

ア それに　**イ** ところが
ウ だんだんと　**エ** これら

(2) この文章には三つの事がらが書いてあります。あてはまるものを三つ選《えら》び、記号で答えなさい。

（　・　・　）

ア 植物のこと　**イ** くものこと
ウ 生物のこと　**エ** 砂丘のとくちょう

(3) 砂丘の植物の根や葉がほかの植物とちがっているのはどんなところですか。また、その理由《りゆう》も書きなさい。

① 根（　）
理由（　）
② 葉（　）
理由（　）

3 次の文章を読んで、あとの問いに答えなさい。

たつのおとしごも、色や形が海草ににていますが、この魚は、動作にとくちょうがあります。てきが来ると、海草に尾《お》でまきついて、すがたをくらますのです。また、へらやがらという細長い魚は、てきが来ると、[　]、じっとしています。すると、かいめんと区別《くべつ》がつかず、てきは、えものを見失《みうしな》ってしまうのです。

(1) [　]にあてはまる言葉はどれですか。（　）

ア てきにいっしょうけんめいに向かって行き
イ 自分ににた形のかいめんのそばに急いで行き
ウ 自分ににた色をもつもののそばへ急いで行き

時間 20分
合かく 80点
とく点 　点

答え▼別さつ17ページ

1 次の文章を読んで、あとの問いに答えなさい。（50点／一つ10点）

ふかい山の中に①ぽっかりとうかぶ人工の湖。それがダムの貯水池《ちょすいち》です。あなたは、ダムのそばへいってみたことがありますか。

まんまんと水をたたえるその湖の底《そこ》には、昔の村がねむっています。昔、そこには谷川にそって、小さな家々が細長くつづいていました。人びとは、山の急な斜面《しゃめん》に②へばりつくようにして住み、炭やきをしたり、山に木を植えたり、山の木を切り出しては、いかだに組んで川へながしたりして、くらしをたてていたのです。

［A］昔、江戸《えど》の町で大火事がおきると、荒川《あらかわ》上流の山々から木が切り出されました。材木《ざいもく》は、いかだに組んで、川をはこばれて江戸へおくられ、江戸の町の③復《ふっ》□につかわれました。山から木を切り出すのも、川ながしをするのも、命がけのしごとでした。山の人たちには、そんなくらしがあったのです。

その山の人たちに、先祖《せんぞ》代々住みなれた村を立ちのいてもらって、年月をかけてきずきあげたのが、ダムなのです。④ダムの水は、ふるさとをおわれた人たちのかなしみを、たたえています。

(1) ――線①「ぽっかりと」はどのような様子を表していますか。

ア のどかな様子　イ 軽やかな様子　ウ 目立つ様子　（　　）

(2) ――線②「へばりつくようにして」からは、人びとのどのようなすがたが感じられますか。

ア へとへとにつかれたすがた
イ 必死《ひっし》に生きるすがた
ウ 心からふるさとを愛《あい》するすがた　（　　）

(3) ［A］には次のどの言葉が入りますか。

ア あるいは　イ たとえば　ウ ところで　（　　）

(4) ――線③の□には次のどの語を入れたらよいですか。

ア 元　イ 活　ウ 帰　エ 興《こう》　（　　）

(5) ――線④「ダムの水は、…たたえています」には、筆者のどのような気持ちが表れていますか。

ア ダムをつくるために、山の人たちのぎせいがあったことをわすれないでほしい。
イ ダム工事のために命を落とした山の人たちのかなしみを知って、水を大切にしてほしい。
（　　）

ウ むやみに自然《しぜん》を破壊《はかい》して、山の人たちをかなしませることはやめてほしい。

〈青山学院中―改〉

2 次の文章を読んで、あとの問いに答えなさい。

〈50点／一つ10点〉

わたしは卵《たまご》を家にもって帰った。けれども、不注意《ふちゅうい》に机《つくえ》の上においたおかげで、卵はころがりだし、あっというまに床《ゆか》に落ちて、われてしまった。

こわれた卵のからは、おどろくほどうすく、もろく、さっきまで、あんなにもしっかりと形をたもっていたことが、まるでうそのようだった。そして、からの内がわにぴったりくっついている乳白色《にゅうはくしょく》の膜《まく》は、じょうぶで、かなりの弾力性《だんりょくせい》があった。（　Ａ　）、卵は、卵のときにはわれにくく、ひながかえるときにはわれやすくなくてはこまるだろう。この両方の性質《せいしつ》を卵はもっているのだった。

（中略《ちゅうりゃく》）

お料理《りょうり》のとき、わたくしたちは生卵の長軸《ちょうじく》のまんなかを、なにかのかどにぶつけてわる。ところが、このやりかたではかんたんにわれる卵も、長軸にそって両方のてのひらでおしつぶそうとすると、これはなかなか力がいる。おしつぶすことはとても容易《ようい》でない。おなじ卵が、こんなにも強いものだったかと、おどろいてしまう。まがりのゆるやかながわでためしてみると、これもなかなかつぶれないが、まがりの急ながわよりは弱いことがわかった。卵はすわりのいいように、あるていど、じょうぶさをぎせいにしなくてはならなかったのだろうか。それにしても、あのうすいからが、形によって、こんなに強くなるとは、おどろいてしまう。

ひなの誕生《たんじょう》するようすを観察《かんさつ》すると、内がわから、まず、くちばしでこつこつ、つついて、われめをつくる。そうして、さかんにごそごそ動きながら、卵のからをおしひろげる。卵の形は（　Ｂ　）には強いけれど、反対の（　Ｃ　）には弱いらしい。また、（　Ｄ　）に弱いことは、ひながくちばしでつつくと、すぐひびがはいることでもよくわかる。

(1) 〰〰線「両方の性質」とはどんな性質ですか。

（　　　　）

(2) （　Ａ　）〜（　Ｄ　）にあてはまる言葉を次の**ア**〜**カ**の中から選《えら》び、記号で答えなさい。

Ａ（　　）　Ｂ（　　）　Ｃ（　　）　Ｄ（　　）

ア 卵の性質から考えて　**イ** 鳥のほうからいうと

ウ おしひろげる力　**エ** 内がわに集まる力

オ 一か所に集まる力　**カ** 外がわからの圧力《あつりょく》

〈川村中―改〉

15 内容《ないよう》の中心をとらえる

標準クラス

1 次の文章を読んで、あとの問いに答えなさい。

わたしたち人間は、鼻のあなのおくで、においを感じとります。鼻のあなのおくのほうは、いつもぬれていいます。においを感じるところは、ぬれていなければいけないのです。

それは、なぜでしょう。

においのするものはみんな気体です。つまりガスのようなものです。花のにおいも、食べ物のにおいも、みんな花や食べ物から出てきたガスのようなものです。

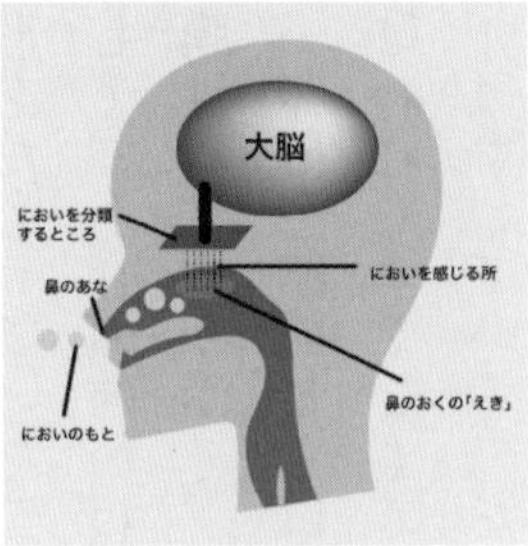

そのガスのようなものが、空気にまじって鼻にはいってきて、鼻のおくをしめらせている「えき」にとけます。そのえきが、鼻のかべの中にしみこんだとき、わたしたちははじめて、においを感じるのです。

ガスのようなものをとかすえきがなければ、わたしたちは、においを感じることができません。鼻のおくのほうがいつもぬれているのは、こういうわけなのです。

---

(1) この文章を二つに分けるとすれば、どこで分けられますか。文章中に『　』の印《しるし》をつけなさい。

(2) この文章は、どんなことを書いたものですか。（　　）

ア 人間の鼻はうまくできている。
イ 鼻はどうしてにおいを感じることができるか。
ウ 鼻にはぬれているところがあるから、いつもきれいにしておかなくてはならない。

(3) においを感じる順《じゅん》じょとして、正しいものを一つ選《えら》びなさい。（　　）

ア 空気にまじる→ガスが出る→鼻のかべにしみこむ→鼻のえきにとける
イ ガスが出る→鼻のえきにとける→空気にまじる→鼻のかべにしみこむ
ウ ガスが出る→空気にまじる→鼻のえきにとける→鼻のかべにしみこむ

答え▼別さつ18ページ

2 次の文章を読んで、あとの問いに答えなさい。

生物には、音をたてるものがあります。［A］、その音をもとにして、つけられた名まえもあります。［B］、秋に鳴く「すいっちょ」という虫はその（　　）を、そのまま名まえとしたものです。「かっこう鳥」というのも、その（　　）からつけられたのでしょう。

(1) 右の［A］・［B］にあてはまる言葉をそれぞれ次の中から選び、記号で答えなさい。

A（　　）　B（　　）

ア このような　**イ** それで　**ウ** しかし
エ たとえば　**オ** それから　**カ** つまり

(2) この文章のまとめとなる文を完成《かんせい》させ、その例《れい》としてあげられているものを二つ書きぬきなさい。

（　　）には、たてる（　　）をもとに（　　）ものもいる。

例（　　）（　　）

(3) （　）には同じ言葉が入ります。あてはまる言葉を次の中から選び、記号で答えなさい。（　　）

ア はねの音　**イ** 鳴き声　**ウ** 体の色

3 次の文章を読んで、あとの問いに答えなさい。

苦労《くろう》のすえ、十九才でしはん学校*を卒業《そつぎょう》すると、ファーブルは、小学校の先生になった。それから七年めに、中学校の先生となって、コルシカ島に行った。

そのころ、動植物学者として有名なモキャン＝タンドン先生が、コルシカ島へやってきた。

タンドン先生は、アンリ＝ファーブルが動植物学についてすぐれた才のうを持っていることを知ると、「君こそ、こん虫学の研究をする人だ。」と言って、わざわざ、かたつむりを使って、かいぼうのしかたを教えてくれた。

ファーブルにとって、それは生まれて初《はじ》めての理科のじゅ業だった。それまで、数学者をゆめみていたファーブルは、この日をさかいに、一生をこん虫の研究にささげようと、決心したのである。

*しはん学校＝昔の制度《せいど》で、小学校教員を養成《ようせい》した学校。

(1) ファーブルがしはん学校を卒業したのは、何才のときですか。（　　）

(2) ファーブルが中学校の先生になったのは、何才のときですか。（　　）

ア 二十八才　**イ** 二十六才　**ウ** 三十才

(3) タンドン先生に会うまで、ファーブルのゆめは、どんな人になることでしたか。（　　）

(4) この文章をまとめると、どうなりますか。（　　）

ア ファーブルの苦心　**イ** ファーブルの決心
ウ ファーブルとタンドン先生の出会い

時間 20分
合かく 80点
とく点 点

答え▼別さつ18ページ

1 次の文章を読んで、あとの問いに答えなさい。（40点／一つ8点）

① 北海道《ほっかいどう》にあかん湖という湖がある。その湖の底《そこ》をのぞくと、一メートルから四メートルぐらいの深さの所に、美しい緑色の玉がしずんでいるのが見える。Ⓐこれが名高いまりもである。

② まりもには、大小さまざまのものがあるが、大きいのは、さしわたし十センチメートル以上《いじょう》のものもある。根もなく、えだもない。まりのような形をした「も」だというので、まりもという名がつけられ、とてもめずらしがられている。

③ まりもがまるくなるのは、あかん湖に流れこむ川の水と、風との関係《かんけい》だといわれている。湖の北がわから流れこんでいる川の流れと、春から秋にかけてふく南西の風とで、湖の水が、ぐるぐるとまわりながら流れる。Ⓑその流れの中で、まりもは、ころころところがされているうちに、だんだんまりのような形になっていくのだということである。

(1) この文章の題名として、ふさわしいものはどれですか。
ア あかん湖について　イ まりものできたわけ
ウ まりもの美しさ　エ まりもがころがるわけ　（　　）

(2) まりもの形について書いてあるのは、どこですか。
ア ①の段落《だんらく》　イ ②の段落　ウ ③の段落　（　　）

(3) Ⓐ「これ」、Ⓑ「その」は、何を指していますか。
Ⓐ「これ」（　　）
Ⓑ「その」（　　）

(4) この文章についてのべた文として、最《もっと》もふさわしいものはどれですか。
ア まりもが自分でころがるのがおもしろい。
イ 水の流れでまるくなるのが、植物にしてはめずらしい。
ウ まりものあるあかん湖は、とてもきれいだ。　（　　）

2 次の文章を読んで、あとの問いに答えなさい。

① ゆう便《びん》切手は、一八三四年ごろ、英国《えいこく》で考え出されました。

② そのころ、英国では、すでに公共事業《こうきょうじぎょう》として、ゆう便物の取りあつかいをしていました。けれども、まだ

切手は用いていませんでした。受取人が、ゆう便物を受け取るときに料金《りょうきん》をはらう、という方法《ほうほう》をとっていました。

③この方法では、せっかくゆう便物がとどけられても、お金がないと、受け取ることができません。あるいは、料金をはらいたくないと思えば、ゆう便物を受け取らなければ、それでいいわけです。こんなことでは、公共のためとはいえ、事業としてはなりたちません。

④ところが、同じ英国の国内でありながら、首府《しゅふ》ロンドンだけは、料金を先ばらいして、ゆう便物を配達《はいたつ》してもらう方法をとっていました。この方法ならば、事業としてなりたちます。

（中略《ちゅうりゃく》）

⑤これはいい方法だから、国じゅうに広めようという声が強くなってきました。そうして、切手が考え出されたのでした。

⑥しかし、ゆう便物を受け取るとき、料金をはらうという方法は、長い間の国民《こくみん》のならわしになっていたので、これに反対する人も、たくさんいました。が、ローランド＝ヒルという人の努力《どりょく》で、とうとう切手が、使われるようになりました。

⑦ヒルは当時、教育者として活動していましたが、全国のゆう便物の料金を先ばらいにあらため、切手を使うように、強く唱《とな》えました。これに動かされて、一八三九年、英国の議会《ぎかい》では、切手を使うことに決め、一八四〇年から使用されました。

---

(1) この文章は、七つに分かれています。次の文は、段落の要点《ようてん》です。書かれている順《じゅん》になるように番号を書き入れなさい。（35点／一つ5点）

ア（　）ロンドンでは、料金先ばらいの方法をとっていた。

イ（　）ローランド＝ヒルによって切手が使われた。

ウ（　）ゆう便切手は、英国で考え出された。

エ（　）ゆう便料金は、はじめはあとばらいだった。

オ（　）英国で切手が使用されるようになった。

カ（　）あとばらいでこまること。

キ（　）料金先ばらいのしるしとして、切手が考え出された。

(2) この文章の題名として、ふさわしいものはどれですか。（10点）（　）

ア ローランド＝ヒル　イ 切手が使われるまで

ウ 英国の切手について

エ ゆう便物の料金先ばらいについて

(3) 「これはいい方法」といえるのは、なぜですか。（15点）

（　）

16 比《くら》べながら考える

標準クラス

1 次の文章を読んで、あとの問いに答えなさい。

Ⓐ　きのうから、雨がふりつづいている。おとうさんは「ありがたい雨だ。」といって、よろこんでいる。おかあさんは、「いやな雨ね。」といって、雨をうらんでいる。同じ雨なのに、おとうさんはよろこび、おかあさんはいやがるというのは、考えてみると、おもしろいことである。おとうさんがよろこんでいるのは、①ニワのうえ木が元気づいてきたからであり、おかあさんはせんたくものがかわかないので、いやがっているのであろう。

Ⓑ　このように、一つのことがある人にはつごうがいいとか、ある人には、つごうが②ワルいというのは、そのことに原因《げんいん》があるのではなくて、それを③ウけイれる人のほうに原因があるのである。

---

(1) この文章で筆者がいいたいことは、どちらに書いてありますか。（　　）

ア Ⓐの文　**イ** Ⓑの文

(2) 文章中の「おもしろい」と同じ使い方のものはどれですか。（　　）

ア このまんがはとてもおもしろい。

イ 人間の体には、病気をなおす力があるというのは、おもしろいことだ。

ウ 妹はおもしろがっていたずらをする。

(3) 雨がふって、おとうさんがよろこんでいるのは、なぜですか。文章中に、――線を引きなさい。

(4) Ⓑの文の「そのこと」をⒶの文章の言葉で説明すると次のどれですか。（　　）

ア 雨がふりつづいているということ。

イ せんたくものがかわかないということ。

ウ おとうさんがよろこんでいるということ。

(5) 文章中のカタカナを漢字になおしなさい。

① ［　　］《ニワ》

② ［　　］《ワル》い

③ ［　　］《ウ》け［　　］《イ》れる

答え▼別さつ19ページ

2 次の文章を読んで、あとの問いに答えなさい。

このように、それぞれの地方に通用していることばを、その地方の「方言」といいます。

わたしたちは、自分の土地の方言を聞きなれ、言いなれて育ちました。東北の人は東北の方言で、九州の人は九州の方言で、小さいときから話をしてきました。ですから、だれでも、自分の住んでいる地方の方言がいちばん使いやすいし、方言を使えば周囲《しゅうい》の人と自然《しぜん》に気持ちが通じ合えるのは当然《とうぜん》です。

けれども、方言は、その地方の人だけがわかることばですから、外の地方の人と話すときには、話が通じないことがあります。そこで、どの地方の人が聞いてもわかる共通《きょうつう》なことばが必要《ひつよう》になってきます。それを「共通語」といいます。

(1) この文章の前には、次のどれかについて書かれています。ふさわしいものはどれですか。（　　）

ア 共通語についての説明　**イ** 方言についての説明

ウ 方言の例　**エ** 共通語の例

(2) 「方言」というのは、どんな言葉ですか。文章中に――線を引きなさい。

(3) 「共通語」というのは、どんな言葉ですか。文章中に〰〰線を引きなさい。

(4) 方言を使って話すとき、つごうのよい点とわるい点をかんたんに書きなさい。

よい点（　　）

わるい点（　　）

3 次の文章を読んで、あとの問いに答えなさい。

ゲンジボタルはおすとめすとでは、その光り方や、光の強さがちがいます。強く光り、つけたり消したり、光を*明滅《めいめつ》させながら飛《と》びまわっているのがおすです。一方、草や木の葉の上にじっととまって、弱く光っているのはたいていめすです。

おすは、めすの弱い光をみつけると、飛びながらちかづいていきます。そして、一段《いちだん》と明るく光を明滅させます。

（栗林《くりばやし》 慧《さとし》「ホタル 光のひみつ」）

*明滅＝光がついたり消えたりすること。

(1) 次の文にあてはまるのは、ゲンジボタルのおすとめすのどちらか、（　）に書きなさい。

A 草や木の葉の上で弱く光る。（　　）

B 強く光り、光を明滅させる。（　　）

(2) めすの光をみつけたゲンジボタルのおすは、飛びながらめすに近づいてどうしますか。

（　　）

16 比《くら》べながら考える

ハイクラス

時間 30分
合かく 80点
とく点　　点

答え▼別さつ19ページ

1 次の文章を読んで、あとの問いに答えなさい。

私《わたくし》たちのことばについての認識《にんしき》は、ふつうその「実用《じつよう》的《てき》」な働《はたら》きのほうに大変《たいへん》かたよっていて、もう一つ「詩的」な働きのほうは忘《わす》れられがちです。

（中略《ちゅうりゃく》）

ことばの「詩的」な働きというものが日常《にちじょう》のことばにおいてよりも重要《じゅうよう》な役割《やくわり》を果《は》たすという意味で、子どものことばと詩のことばとは似《に》ているということができます。どうしてそうなるのでしょうか。（ Ⅰ ）ですと日常的な生活に関《かん》する限《かぎ》りは、経験《けいけん》の範囲《はんい》と、ことばでもって表せる範囲が一致《いっち》していると考えてよいでしょう。

［A］ところが（ Ⅱ ）、その経験の範囲であらわせるだけのことばの能力《のうりょく》がまだ十分発達《はったつ》していない。［B］自分がすでに身につけていることばだけではとても新しい経験を十分に表現《ひょうげん》することができない。そうしますと、どうしてもことばの枠《わく》を破《やぶ》るということが起こるでしょう。［C］子どものことばは、常《つね》に何かきまった範囲だけにとどまっているのではなくて、その枠を破って広がっていくという傾向《けいこう》を示《しめ》すわけです。［D］

これはちょうど①詩人の場合と同じことになるのではないでしょうか。ふつうの人が、日常的な経験を日常的なことばで表現して満足《まんぞく》しているのに対して、「詩人」と呼《よ》ばれるような人たちは、日常的な経験を越《こ》える経験をもつでしょう。（ ② ）、それを表そうとすると、もはや日常のことばの使い方では不十分なはずです。（ ③ ）、どうしても、日常のことばの枠を越えるということが必要《ひつよう》になってくるでしょう。

（池上嘉彦《いけがみよしひこ》「ふしぎなことば、ことばのふしぎ」）

(1) （ Ⅰ ）・（ Ⅱ ）に入る語句《ごく》を次から選《えら》び、記号で答えなさい。（20点／一つ10点）

ア 詩人の場合　イ 子どもの場合
ウ ふつうの人の場合　エ 大人の場合

Ⅰ（　　）　Ⅱ（　　）

(2) ［A］～［D］のどれかに次の文が入ります。場所として最《もっと》もふさわしいところを、記号で答えなさい。（10点）

その一方では子どもにとっては毎日が新しい経験の連続《れんぞく》です。（　　）

(3) ――線①「詩人の場合と同じ」とありますが、詩人の場合はどうなるのですか。文章中から十二字でさがし、～～線を引きなさい。(15点)

(4) （②）・（③）には、次のうちどれを入れるとよいですか。(10点／一つ5点)　②（　）③（　）

ア しかし　イ そこで　ウ そして　エ また

(5) この文章は、次のどれについて書かれたものですか。(10点)　（　）

ア 大人のことばと子どものことば
イ 子どものことばと詩人のことば
ウ 詩人のことばと大人のことば

（追手門学院大手前中―改）

2 次の文章を読んで、あとの問いに答えなさい。(35点／一つ5点)

機械《きかい》と人間はやはりちがいます。

[A]

（①）まだちがう点があります。機械ならば、いつも同じように動いている方がいい機械だということになります。進んだりおくれたりする時計や、ときに動かないこともある自動車などというものは故障《こしょう》している機械です。（②）、人間はいつも同じことをしてはおりません。人間はただ動いていればいいというものではないのです。（③）、君は毎日同じように学校に通っていますが、一日一日の生活はけっして同じではありません。勉強や友達《ともだち》の話から新しいことを一つでも知れば、それだけ君の生活も変《か》わります。

(1) [A]には、次の四つの文が入ります。正しい順《じゅん》じょにならべかえて、記号で答えなさい。

1（　）2（　）3（　）4（　）

ア たとえばなん年間も止まらない時計などがそうです。
イ まず、機械が動いているときが生きているときだとしても、機械を止まらないようにするのは人間で、機械そのものには止まらないようにするせいしつはありません。
ウ しかし、その場合でも電気のようなエネルギーが必要《ひつよう》で、それは人間がていきょうするのですから、自分でエネルギーを取りこむことのできる人間とははっきりちがいます。
エ なかには、機械にも、できるだけ止まらないように工夫《くふう》されているものもあります。

(2) （①）～（③）にふさわしい言葉を選び、記号で答えなさい。①（　）②（　）③（　）

ア たとえば　イ しかし
ウ また　エ さらに

（ノートルダム清心中―改）

チャレンジテスト⑥

時間	20分
合かく	80点
とく点	点

答え▼別さつ20ページ

1 次の文章を読んで、あとの問いに答えなさい。

雨水は、空から降《ふ》ってくる蒸留水《じょうりゅうすい》のようなものだから安全だと思っている人が多い。ところが、実際《じっさい》は全く違《ちが》うのである。いまは空気が汚《よご》れているからで、昔は大丈夫《だいじょうぶ》だったという人もあるが、それもあやしい。というのは、昔から、「①天水《てんすい》をそのまま飲むな」ということが、水源《すいげん》の少ない島にすむ人たちの間ではいわれていたからである。

実は、空気の中には、かなりの物質《ぶっしつ》が浮遊《ふゆう》している。これは、微粒子《びりゅうし》となって、いったん空気中に浮《う》かぶとなかなか落ちてこない。それも、自分の近くのところで発生させたものだけが浮遊しているのではなく、世界中のものが浮遊物として地球上を回っているのである。

たとえば火山の爆発《ばくはつ》で、激《はげ》しく噴火《ふんか》があったとする。このときに舞《ま》い上がった火山灰《かざんばい》は、たいてい地球上をぐるぐる回り、少なくとも二〜三年は日照《にっしょう》などに影響《えいきょう》を与《あた》えている。火山の噴煙《ふんえん》の中に、どういうものが含《ふく》まれているかは、火山の種類《しゅるい》によりよくわからない。

A、春先に、日本《にっぽん》でよく観測《かんそく》される黄砂《こうさ》という現《げん》象《しょう》がある。中国大陸《ちゅうごくたいりく》から、非常《ひじょう》に細《こま》かい粒子《りゅうし》の黄色い砂《すな》が、西風にのって飛《と》んでくるのだ。空一面が黄色くみえるところから、黄砂と呼《よ》んでいる。春のおとずれの現象である。きれいなものであるが、そうはいっていられない。

B、自分のところがどんなにきれいであっても、空にはいろいろなものが飛んでいるのだ。それが、雨の中にとけこんで落ちてくる。②こういったことがあるから、天水はきれいな水というわけにはいかないのである。

こういった浮遊物は昔からあった。しかも、最近《さいきん》は、工業的《こうぎょうてき》なものや、人間が人為的《じんいてき》につくり出すほこりも舞い上がっている。C、道路を自動車が走ると、アスファルトの細かい粉《こな》が舞い上がってくる。タイヤのすり切れたものもある。さらに、スパイクタイヤで雪のない道を走ると、たちまちアスファルトやセメントの粉が飛《と》び散《ち》る。スパイクタイヤ禁止《きんし》などの運動が起こるのも当然《ぜん》といってよいくらい、空気が汚れている。

(1) ――線①「天水」と同じ意味の言葉を文章中からぬき出しなさい。(10点)

（　　　　）

(2) A〜Cに入る言葉を選《えら》び、記号で答えなさい。(15点／一つ5点)

A（　）B（　）C（　）

ア だが　イ とにかく　ウ たとえば　エ また

(3) ――線②「こういったこと」とは何を指しますか。三十五字以内で書きなさい。(15点)

(4) 次の文章は、本文をまとめたものです。□の中に最《もっと》もふさわしい言葉(漢字)を文章中からぬき出して書き入れなさい。(20点／一つ5点)

雨水を多くの人はア□だと思っているが、空気の中にはイ□や黄砂など、かなりの物質が浮遊している。また、最近では、アスファルトの粉などウ□なものや人為的につくり出すほこりが増《ふ》えてきた。これらが雨の中にとけているのである。したがってエ□は、きれいな水というわけにはいかないのである。

(清心中―改)

② 次の文章を読んで、あとの問いに答えなさい。(40点／一つ10点)

カナダ・北アメリカ・ロシアなど、北の国の湖のほとりや、川岸の森などで、せっせと木を切りたおしているけものを、えいがや写真で見たことはありませんか。

Aあれがビーバーです。ビーバーはするどい四本の前歯を持っています。Bそれは、まるでおののようです。これで、木を切りたおすのです。

ビーバーが、このように木を切りたおすのは、ただの遊びではありません。ビーバーは、Cその木のわかい芽《め》やえだや皮などを食べるのです。

(1) A「あれ」は、次のどれを指していますか。（　）

ア 北の国の湖のほとりや、川岸の森など
イ せっせと木を切りたおしているけもの
ウ えいがや写真などで見たこと

(2) B「それ」は、次のどれを指していますか。（　）

ア するどい四本の前歯　イ ビーバー
ウ おののようなもの

(3) C「その」は、次のどれを指しますか。（　）

ア 遊びではない　イ 皮などを食べる
ウ 切りたおした

(4) ビーバーは、どこに住んでいるのですか。（　）

ア 日本の北のほう
イ カナダ・ロシアなどの湖のほとりや川岸の森
ウ インドなどのジャングルの中

17 段落《だんらく》の関係《かんけい》を考える

標準クラス

1 次の文章を読んで、あとの問いに答えなさい。

みなさんは、海にいる「ひとで」というものを知っていますね。「ひとで」は、ちょうど、人間の手をひろげたような形をしています。そこで、「ひとで」といわれたのです。

ちょうや、がのよう虫を「いもむし」というでしょう。あれは、その形が、ごろごろふとっていて、ちょっと「いも」の形ににているので、こういう名まえがつけられたのです。これらは、おもに物の形をもとにしてつけられた名まえです。

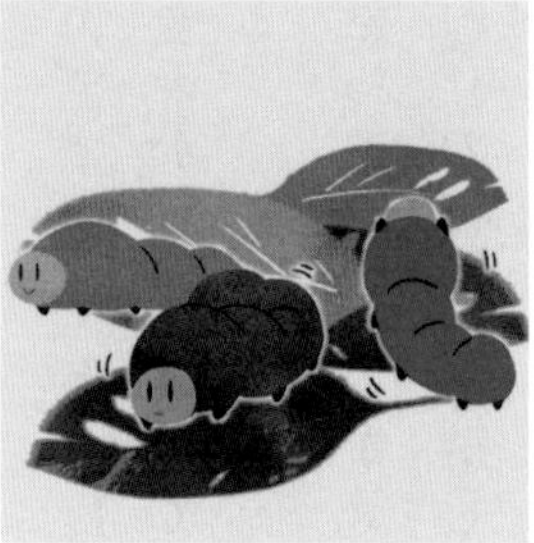

（　　）、物の色によってつけられた名まえもあります。「からす貝」というのは、貝がらの色が「からす」のように黒いので、このような名まえがついたのです。

それから、生まれたばかりの子を、「あかんぼう」とか「あかちゃん」とかいうのも、からだ全体が赤みがかっているからでしょう。

(1) この文章は、わたしたち人間がどういうふうにして、物に名まえをつけてきたかということについて書いたものです。この文章を、①②二つの段落に分けるとすれば、どこで分けたらいいですか。段落①の終わりに、『 』の印《しるし》をつけなさい。

(2) それぞれの段落の要点《ようてん》を書きなさい。

① （　　　　）

② （　　　　）

(3) （　）にあてはまるつなぎ言葉を次から選《えら》び、記号で答えなさい。（　　）

ア しかし
イ そこで
ウ ですから
エ また

2 次の文章を読んで、あとの問いに答えなさい。

あなた方は、天文台のたてものを見たことはありませ

答え▼別さつ20ページ

んか。太陽や月のかんそくから、星のかんそくまでしています。新しい星の発見が新聞に出ていることを見たことがあるでしょう。そんなことが天文台のたてものでされているのです。天文台では、太陽のもえているところのかわっていくようすや、星のいちが時間によってかわっていくようすなどをかんそくしたり、新しい星を見つけたり、ぶらぶらと空をさんぽしているゆう星の動きなどを見たりしています。また、うちゅうにどんなことが起こるかを見はったりして、たえず空のかんそくをつづけています。わたしたちの生活につながりのあることでは、こよみを作ったり、テレビやラジオで放送している時ほうを出しています。

(1) この文章には、天文台のことが書いてあります。二つに分けられるところに『をつけなさい。

(2) ①最初《さいしょ》の段落の要点と、②次の段落の要点を次から選び、記号で答えなさい。

①（　　）　②（　　）

ア 天文台でされていること
イ 太陽や月のかんそく
ウ 星と新聞
エ 天文台のやくめ
オ うちゅうでおこること
カ 空のかんそく

---

3 次の文章を読んで、あとの問いに答えなさい。

アゲハチョウは、どんなところを、とんでいるのでしょうか。

ア けれども、たんぼの上や、広いグラウンドの上は、あまりとんでいません。
イ アゲハチョウは、木が好《す》きなのです。
ウ たいていは、明るい林のへりや、いけがきに沿《そ》って、とんでいます。
エ この道をチョウ道といいます。一日のうちの時間によって、日の差《さ》し方もかわります。
オ しかも、日光に明るくかがやいている木の葉にひかれ、そのようなところを、たどってとんでゆく性質《せいしつ》があります。
カ その結果《けっか》、どのアゲハチョウもだいたい同じ道に沿って、とぶことになります。

（日高敏隆《ひだかとしたか》「あげはちょう」）

(1) この文章は、何について述《の》べていますか。

（　　　　）

(2) この文章は順《じゅん》じょがばらばらになっています。記号をならべかえて、すじのとおった文章にしなさい。

（　）→（　）→（　）→（　）→（　）→（　）

17 段落《だんらく》の関係《かんけい》を考える

ハイクラス

答え▼別さつ20ページ

時間 20分
合かく 80点
とく点 点

1 次は「かべぬり」という作文の初《はじ》めの部分です。これを①〜⑥のようにまとめると、それぞれの意味段落は、どこで切ったらいいですか。①〜⑤の段落の終わりに』をつけなさい。（50点／一つ10点）

① おとうさんのかべぬりにみんなが心配する。
② おとうさんの自信《じしん》がありそうな様子。
③ しごとの手わけ。
④ 水と土とわらをまぜてねる様子。
⑤ 妹とのやりとり。
⑥ おとうさんとぼくのしんけんな様子。

雨戸をあけると、朝日がまぶしい。上天気だ。きょうは日曜、ぼくらのへやができたので、いよいよかべぬり。左官屋《さかんや》さんはおとうさんだ。ぼくは、ゆうべから心配。おかあさんも、「だいじょうぶかねえ。」といっている。おとうさんは、「まかしとけ。」と、むねをたたいたので、少しは安心してねたが、いよいよぬるとなると、やっぱり、少し心配だ。

初めに、運んだ赤土をおとうさんがはだしでふむ。ぼくは、水をかける役だ。おかあさんは、おし切りでわらを切って、ぱらぱらとふりこむしごとだ。

「水をもう一つ。」「わらをもう一度。」

おとうさんが言うたびに、ぼくはバケツの水をあける。おかあさんは、ぱらぱらと、わらをふりこむ。おとうさんは、大急ぎでふむ。ふんではねり、ふんではねり、グッチャグッチャと勇《いさ》ましい。

「もう、水はいいよ。」

と言ったので、ぼくも、おとうさんのそばでねりだした。足でねんどざいくをしているように、おもしろい。

むちゅうでふんでいたら、いつのまにか、二階からのぞいていた妹が「一、二。一、二。がんばれ。一、二。」と、ごうれいをかけた。

ぼくがにらむまねをすると、くすっとわらって、首をちぢめた。

おとうさんの顔から、赤土の中へ、ぽたぽたと、あせが落ちこんだ。ぼくの顔にも、あせが出てきた。それでも休まずにふんだ。

2 次の文章を読んで、あとの問いに答えなさい。

① 秋田県《あきたけん》に、「かまくら」という楽しい行事があります。雪国のこの地方では、雪で大きな山をつくり、その中をくりぬいて、ちょうど雪の家のようなものをこしらえるのです。

② この家が、町じゅうなん百とできると、子どもたちは、雪の家の中で、ままごとあそびのようなことをします。ローソクを立て、こたつを置《お》き、その中であま酒をのみます。雪のかべのすみっこをくりぬいて、神だなをつくり、果物《くだもの》や野菜《やさい》をそなえるのです。

③ 雪のふる夜、百をこえる雪の家の中にローソクの火がともる風景《ふうけい》は、じつに素《そ》ぼくで美しく、雪国らしいロマンチックな感じになります。

④ わたくしは、文化というものが、大げさで、わかりにくいものである必要《ひつよう》はないと思います。地方に芽生《めば》え、地方に生きつづけてきた文化は、かけがえのない祖先《そせん》のちえだと思うのです。

(1) この①～④の段落を、内容《ないよう》のうえから大きく二つに分けるとすると、あとの段落はどこからになりますか。段落の番号で答えなさい。(10点)（　　）

(2) (1)のように分けた理由《りゆう》としてふさわしいものはどれですか。次から選《えら》び、記号で答えなさい。(10点)（　　）

ア 前半は、行事の一例《いちれい》を挙《あ》げ、後半は、その歴史《れきし》について説明《せつめい》しているから。

イ 前半は、ある行事について具体的《ぐたいてき》に書き、後半は、文化に対する考えをのべているから。

ウ 前半は、文化に対する考えをのべ、後半は、その具体的な例を挙げているから。

(3) ③段落は、文章全体の中でどんなはたらきをしていますか。次から選び、記号で答えなさい。(15点)（　　）

ア ①、②のための具体例

イ ①、②の事例についての感想

ウ ②と④との関係《かんけい》をしめす説明

(4) 本文で、筆者が最《もっと》も強く主張《しゅちょう》していることは何ですか。次から選び、記号で答えなさい。(15点)（　　）

ア 「かまくら」のような地方の行事こそがほんとうの文化である。

イ 地方の自然《しぜん》や生活から生まれ育ったちえもたいせつな文化である。

ウ 地方に芽生えた文化遺産《いさん》は、いつか全国に広がっていくものである。

〈松蔭中―改〉

18 筆者の考えをまとめる

標準クラス

1 次の文章を読んで、あとの問いに答えなさい。

ニカメイガは、幼虫《ようちゅう》がイネの茎《くき》をたべる小型《こがた》のガです。農家の人を苦しめてきた、害虫《がいちゅう》です。でも、今では農薬の使用で、ずいぶんへりました。

ところが、農薬をつかいだしてから、ふえたこん虫がいます。針《はり》のような口で、イネのしるをすう、ヨコバイやウンカです。農薬も、あまりききません。イネの病気を、針の口で伝染《でんせん》させてまわるほどふえてしまいました。

農業試験場《しけんじょう》には、①農薬をまかない水田があります。そこには、なぜかヨコバイが大発生しません。しらべてみると、クモがたくさんいました。クモが走りまわって、ヨコバイやウンカをとらえていたのです。もうひとつわかったことは、クモがとても農薬に弱いことでした。

ヨコバイがふえたのは、農薬をまくと、いちばん先にクモが死ぬからです。天敵《てんてき》のいなくなった水田で、農薬に強いヨコバイは、たべられずに、どんどんふえるのです。

②農薬も、つかいかたによっては、かえって害虫がふえる原因《げんいん》にもなることが、これでわかりました。そして、どれほどわたしたちの生活に、クモが役立っているかもわかりました。

農薬をまかない水田でふえたクモのなかには、糸による空中飛行《ひこう》で、遠い畑にとんでいき、そこで、野菜《やさい》の害虫を退治《たいじ》する種類《しゅるい》もいます。クモは、人間の害にならないどころか、生きた農薬です。

（栗林《くりばやし》 慧《さとし》「クモのひみつ」）

(1) ――線①「農薬をまかない水田」で、ヨコバイが大発生しないのはどうしてですか。（　）に当てはまる言葉を文章中から書きぬきなさい。

（　　　）がたくさんいて、走りまわってヨコバイやウンカを（　　　）いたから。

(2) ――線②「農薬も、つかいかたによっては、かえって害虫がふえる原因にもなる」とありますが、どのような例《れい》があげられていますか。（　）に当てはまる言葉を書きなさい。

ヨコバイなどの害虫の（　　　）のクモが、（　　　）によっていちばん先に死ぬ例。

(3) この文章の筆者は、クモのことを何とよんでいますか。文章中から五字で書きぬきなさい。

答え▼別さつ21ページ

2 次の文章を読んで、あとの問いに答えなさい。

世界の陸地《りくち》のうち、作物がとれる土地は六分の一の面《めん》積《せき》もありません。現在《げんざい》、地球の人口は六十億人《おくにん》をこえています。そして、これからも、ふえつづけるだろうといわれています。それだけの人間が生きていくためには、もうこれ以上《いじょう》、地球に砂漠《さばく》をふやすわけにはいきません。

そのためにも、広がりつつある砂漠をくいとめるだけでなく、今ある砂漠も積極的《せっきょくてき》に、緑のおいしげる土地にしていく必要《ひつよう》があります。

砂漠を緑にするためには、多量《たりょう》の水が必要です。海水から*淡水《たんすい》をつくったり、運河《うんが》で水をひいてきたり、ダムをつくって水を集めたりする方法《ほうほう》があります。深い井戸《いど》をほって地下水を得《え》る方法もあります。砂丘《さきゅう》の表面にアスファルトをかぶせて、水の蒸発《じょうはつ》をふせぐ方法もあります。

しかし、海水の淡水化には大きなエネルギーが必要です。ダムは、上流からの天然《てんねん》の肥料《ひりょう》を下流へ行かなくしてしまいます。地下水のくみすぎは地盤沈下《じばんちんか》や、水がれの心配があります。水のとりあつかい方がわるいと、*塩《えん》害《がい》もひきおこしてしまいます。

□、世界各地《かくち》の自然《しぜん》を破壊《はかい》して砂漠をつくりだしている背景《はいけい》には、社会のしくみや、政治《せいじ》、経済《けいざい》などのあり方が複雑《ふくざつ》にからみあっています。

砂漠を生命《いのち》ある土地にするためには、砂漠の自然をよく知り、計画的におこなわなければなりません。

（片平《かたひら》 孝《たかし》「砂漠の世界」）

*淡水＝塩分のとても少ない水。
*塩害＝強い日差《ひざ》しにより水が蒸発したとき、地表に塩分が残《のこ》り、その塩分のために作物が育たなくなってしまうこと。

(1) この文章は、どのような問題について書かれていますか。（　）に当てはまる言葉を書きなさい。

（　　　）を（　　　）のおいしげる土地にするには、どうしたらいいかという問題。

(2) (1)の問題をかい決するために、必要なものは何ですか。文章中の四字の言葉で答えなさい。

(3) □に当てはまる言葉として、適切《てきせつ》なものを次の中から一つ選び、記号で答えなさい。

ア だから　イ また　ウ たとえば　エ しかし　（　）

(4) この文章の筆者《ひっしゃ》は、この文章でどのような考えを述《の》べていますか。（　）に当てはまる言葉を書きなさい。

（　　　）を（　　　）のある土地にするためには、（　　　）をよく知り、かい決のための方法を（　　　）におこなわなければならない。

時間 25分
合かく 80点
とく点 点

答え▽別さつ21ページ

1 次の文章を読んで、あとの問いに答えなさい。（20点／一つ10点）

今から何万年も前の人々は、火を使うことを知りませんでした。そこで、火山が火をふいたり、かみなりが落ちて木がもえだしたりするのを見て、ただおどろいたりおそれたり、ふしぎがったりしていました。ある時、大風で、深い山の木と木がはげしくすれ合ったために、火が出て、山火事になったことがありました。森のけものたちは、その火をおそれて、どんどんにげ出しました。それを見ていた人々は、火を使って、けものを追いはらうことを考えつきました。それまで、人々は夜になるとけものをおそれて、真っ暗なほらあなの中にかくれていました。ためしに、山火事のやけあとから残《のこ》り火を持ってきて、ほらあなの入り口においてみました。すると、けものたちが近くに来ないだけでなく、中も明るくて、たいへん便利《べんり》なことがわかりました。

(1) 右の文章の題名として、ふさわしいものはどれですか。次から選《えら》び、記号で答えなさい。（　　）

ア 火のおこし方　**イ** 火の使い方
ウ 火の発見　**エ** 火とけものたち

(2) 文章中の「その」は何を指していますか。
（　　　　　　　　　　　　　　　　）

2 次の文章を読んで、あとの問いに答えなさい。（30点／一つ10点）

七月のはじめの午後九時ごろ、南の空にかがやく、ぶきみなほどの赤い星、その上下には、十いくつかの星がS《エス》の字のかたちにつらなっている。これが、夏の星座《せいざ》の中でもことに形のはっきりした、「さそり座」である。この星座は、ギリシャ神話では、力じまんのりょうし、オリオンが、「この世の中で、わたしにかなうものはない。」と言った時、地面からとび出して、オリオンをさしころしたさそりだとされている。

(1) 右の文章を二つの段落《だんらく》に分け、その分かれ目に』を書き入れなさい。

(2) それぞれの段落をまとめると、どんなことが書いてありますか。次から選び、記号で答えなさい。
第一段落（　　）　第二段落（　　）

ア いばっていたオリオンがころされた

イ　さそり座の出る時期や形
ウ　七月のはじめの午後九時ごろの星座
エ　さそり座についての神話
オ　ぶきみに光る赤い星

3 次の文章を読んで、あとの問いに答えなさい。

《ネコにエサをあげるとき、一か月分のエサをまとめてあげると、三日間ぐらいで全部食べてしまいます。》

でも、ちょっと待って。あとの二十七日間は、いったいどうするんだ？　食べたくてもエサがない。もう全部食べちゃったよーって、困《こま》りますね。

①おこづかいも、これに似《に》ています。お金は使ってしまえば、なくなる。これ、じつは当たり前のことだけれど、最大《さいだい》のポイントなんだよね。

なくなる。ゼロになる。困る。これにどう対処《たいしょ》して、どんな作戦《さくせん》行動をとるか。それを学ぶのが、おこづかいの最大の目的《もくてき》と言ってもいい。

だからおこづかいは、だらだらもらわずに、月に一度とか週に一度とか、まとめてもらうのがいい練習になる（たくさんもらいすぎるのはダメだよ）。

そうして、次のおこづかい日までにどう使っていくかを考える。

②これを『やりくり』と言います。

（齋藤《さいとう》 孝《たかし》「ちょっとお金持ちになってみたい人、全員集合！」）

(1) ――線①「おこづかいも、これに似ています」とありますが、どんなところが似ているのですか。（　）にあてはまる言葉を書きなさい。（完答15点）

ネコの（　　）が全部食べるとなくなるように、おこづかいのお金も全部（　　）しまうとなくなって（困る）ところ。

(2) ――線②「これを『やりくり』と言います」とありますが、おこづかいの『やりくり』とはどんなことか、（　）にあてはまる言葉を書きなさい。（完答15点）

もらった（　　）を、
（　　）までに
（　　）こと。

(3) おこづかいの『やりくり』について、自分の考えたことを書きなさい。（20点）

（　　）

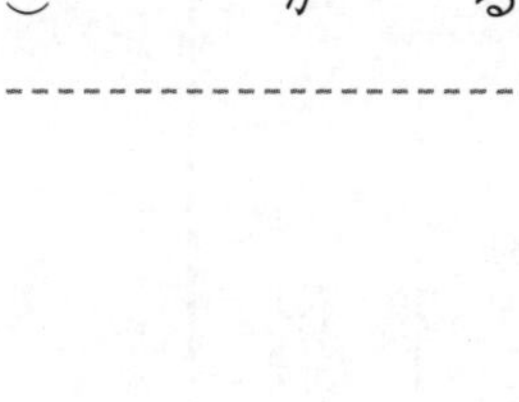

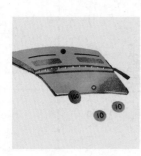

チャレンジテスト⑦

答え▼別さつ22ページ

時間	30分
合かく	80点
とく点	点

1 次の文章を読んで、あとの問いに答えなさい。

① わたしたちの生活の上で、たいせつな役目をもっているこの橋は、どのようにして生まれてきたものでしょうか。

② 大むかし、原始時代とよばれるころの人たちは、たおれた木を川にかけわたして、かんたんなまるた橋を作っていました。これが、けた橋の始まりです。

③ □、一本のまるた橋では、うまくわたれません。そこで、まるたを二本ならべたり、その上に板をはったりするようになりました。

④ 山おくの谷川には、ふじやつたを利用《りよう》して、橋がかけられました。これが、つり橋の始まりです。

⑤ □、ふじやつたでは、くさったり、すり切れたりするおそれがあります。そこで、はりがねが発明されると、これが使われるようになったのは当然《とうぜん》です。

⑥ 木やつたの類《るい》の少ない地方では、大むかしから、石で橋がかけられました。飛《と》び石の間にアーチの形に石を組み合わせて、つないだのです。これがアーチ橋の始まりです。

⑦ □、自然《しぜん》の石のままでは、わたりにくい上に、不安定《ふあんてい》です。そこで、切り石を作り、これをならべて、アーチ橋を作るようになりました。

⑧ こうして、人間は、大むかしから、三種類《さんしゅるい》の橋をかけてきたのです。

(1) 次の図は、この文章を図示《ずし》したものです。□に、まとめて書きなさい。(26点／一つ2点)

書かれている事がら	形式段落番号	
㋐	□	
㋑	□	
㋒	□	□
㋓	□	□
㋔	□	

(2) この文章の全部の□にあてはまる言葉はどれですか。次から選《えら》び、記号で答えなさい。(4点) (　　)

ア すると　イ そのうえ　ウ しかし　エ けれども

(3) 「三種類の橋」とは何ですか。(12点／一つ4点)

(　　)(　　)(　　)

(4) この文章は、何について説明《せつめい》した文章ですか。(8点)

(　　　)

② 次の文章を読んで、あとの問いに答えなさい。

あとに述《の》べるが、世界の言葉は五〇〇〇ぐらいあると聞く。こんな多くの言語の中で①日本語だけがもっているという性質《せいしつ》は、さぞ少なかろう。以前《いぜん》は、敬語《けいご》は日本語の特質《とくしつ》だとか「が」と「は」の区別《くべつ》があるのは日本語だけだとか言われた。が、②目を外に向けてみると、敬語は、東南アジアの言語に広く見られるし、「が」と「は」の区別は、朝鮮語《ちょうせんご》にそっくりのものがあり、さすがに隣《となり》に住む民族《みんぞく》の言語だと感じさせる。しかし、日本語だけがもっている性質は全然《ぜんぜん》ないと言い切ってよいものだろうか。文字の面で漢字・カタカナ・平がな・ローマ字・アラビア数字といった多くのちがった体系《たいけい》のものを使っている言語は、③世界唯一《ゆいいつ》のはずである。そうして、その漢字の読み方に音読みと訓読《くんよ》みがあり、ごく一部の文字ではなく、日常《にちじょう》用いられる多くの漢字が、「春」はハルとシュン、「秋」はアキとシュウのように、相互《そうご》に関係《かんけい》の考えられない二つのオトで読まれているというようなことも、世界に例《れい》がない。表記法《ひょうきほう》から離《はな》れると、*野元菊雄《のもときくお》が言っていたが、一つの国がこんなに多くの人口をもっていて、それが全部といっていいくらい同じ言語を使っている。そうして一歩国内から離れるとこの言語を使っている人がいない、ということも類《るい》がないはずである。

(金田一春彦《きんだいちはるひこ》「日本語」)

*野元菊雄＝(一九二二〜二〇〇六)日本の言語学者。

(1) この文章は三段落に分けられます。第一、第二段落の終わりに』を書き入れなさい。(10点／一つ5点)

(2) ――線①と同じ意味で使われている言葉を文章中から六字でさがし、〰〰線を引きなさい。(10点)

(3) ――線②をわかりやすく説明しなさい。(10点)

(　　　)

(4) ――線③と同じ意味で使われているところを、文章中から七字と四字でさがして══線を引きなさい。(句読点《くとうてん》は除《のぞ》く。)(10点)

(5) 日本語だけがもつ性質を筆者はどのようにいっていますか。次から二つ選《えら》び、記号で答えなさい。(10点／一つ5点) (　)(　)

ア 敬語を使うこと。
イ 一つの漢字には必《かなら》ず音読みと訓読みがあること。
ウ 五種類の文字を使うこと。
エ 日本に住んでいる人のほとんどが日本語を使っていること。

(名古屋学院中―改)

チャレンジテスト⑧

時間 30分
合かく 80点
とく点 点

答え▼別さつ22ページ

1 次の文章を読んで、あとの問いに答えなさい。

[1] ①海溝《かいこう》は、その名のとおり、溝《みぞ》のような、長い谷の形をしていますが、そのいちばん深いところの深さは、場所によっては、七〇〇〇メートルから、深いところでは一万メートルをこえるところもあります。海の底《そこ》で、このように深いところは海溝のほかにはありません。ちなみに、世界でいちばん深いところは、*グアム島の近くのマリアナ海溝にあって、一万九〇〇メートルの深さです。

[2] そして、この海溝は、日本になぜ大地震《だいじしん》がおきるかといったことや、そもそも日本列島がどうしてできたか、といったなぞの鍵《かぎ》をにぎっている場所なのです。

[3] ②「プレート・テクトニクス」という地球科学の考えを知っているでしょうか。これは、地球をたまごにたとえれば、たまごのからにあたるような岩の板が地球ぜんたいをおおっている、という考えです。この岩の板のことをプレートといいます。

[4] ③たまごのからは、つながっていますが、地球のからであるプレートは、じつはいくつかにわかれています。その一まい一まいのプレートは、あるものはヨーロッパのような大陸《たいりく》であり、あるものは太平洋のような海の底の岩だったりします。そして、そのそれぞれが、*白身の上にのって、ゆっくり動いているのです。その動く速さは、人間の爪《つめ》ののびる速さぐらいです。

[5] 海溝とは、海の底で、ひとつのプレートとべつのプレートとがぶつかって、ぎゅうぎゅう、おしくらまんじゅうをしているところです。そしてそこは、かたほうのプレートがおしまけて、地球のなかにしずんでいっているところなのです。

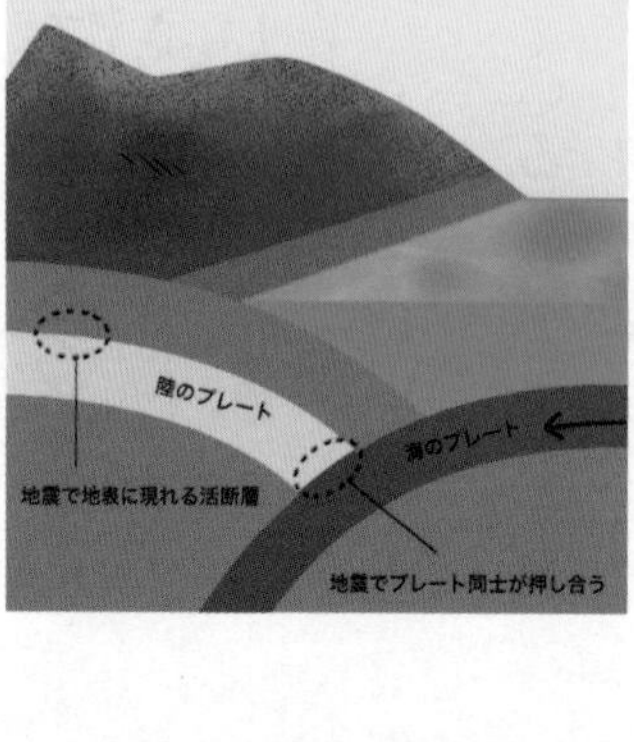

[6] 岩の板、といっても、その厚《あつ》さは一〇〇キロメートルもありますし、板の大きさも、何千キロメートルもありますから、そのおしあいには、たいへんな力がかかります。そして、この岩のおしあいでかたほうの岩がおしまける、そのたびに、日本の大地震がおきているのです。*アラスカの大地震も、南米の大地震も、こうしておきています。

[7] そして、風にふきよせられた木の葉っぱが、池のは

じにかたまるように、そのプレートの上にのせられてはこばれてきた大きい島や小さい島が、つぎつぎにくっついてできたのが、いまわたしが住んでいる日本列島だというわけです。

（島村英紀《しまむらひでき》「深海にもぐる　潜水艇《せんすいてい》ノーティール号乗船記」）

＊グアム島＝日本の南方にある、太平洋の島。

＊白身＝ここでは、マントルという、地球のからと核《かく》の間のひかく的《てき》やわらかい部分のたとえ。

＊アラスカ＝北アメリカ大陸の、北西のはじの部分。

(1) ——線①「海溝」とはどんなものですか。（10点／一つ5点）

海の（　　）にある、溝のような、長い谷の形をした（　　）ところ。

(2) この文章の主題が前もってしめされているのは第何段落《だんらく》ですか。（10点）

第□段落

(3) ——線②「プレート・テクトニクス」とは何かがくわしく説明《せつめい》された部分をぬき出し、はじめと終わりの五字を書きなさい。（10点）

□□□□□〜□□□□□

(4) ——線③「たまごのから」とちがって、プレートにはどんなせいしつがありますか。二つ選《えら》びなさい。（20点／一つ10点）（　　）（　　）

ア とても固《かた》くてわれることがない。

イ いくつかにわかれている。

ウ 一まい一まいが、大陸や岩をのせている。

エ 白身（マントル）を動かしている。

オ ゆっくり動いている。

(5) 大地震が起きる仕組みを説明しました。次のア〜エを正しい順番《じゅんばん》にならべなさい。（完答20点）

ア かたほうのプレートがおしまける

イ プレートとプレートがぶつかる

ウ おしまけたプレートが地球のなかにしずむ

エ プレートとプレートがおしあう

オ 大地震が起きる

□→□→□→□→オ

(6) この文章の段落のまとまりを図にしたものとして、あてはまるものを選びなさい。（10点）（　　）

ア ①＋（②③④＋⑤）＋⑥⑦

イ ①＋（②＋③④＋⑤⑥＋⑦）

ウ ①②＋（③④＋⑤⑥⑦）

エ ①②③＋（④＋⑤⑥）＋⑦

(7) 日本列島はどのようにしてできましたか。次の言葉に続《つづ》くように書きなさい。（20点）

大きい島や小さい島が、

（　　　　）

19 きゃく本

標準クラス

答え▼別さつ23ページ

1 次のきゃく本を読んで、あとの問いに答えなさい。

よしおが、ひとりせきに着いて、じっとしている。そこへ、たけしとたもつが来る。

たけし　（よしおを見て）おはよう。どうしたの、よしお君。

（①）　しずえさんが来るのを待っているんだ。

たもつ　しずえさんを――。どうかしたの。

（②）　きのうの学級日記を見れば、わかるんだ。

たけし　学級日記を――。

たもつが教室のすみに行く。先生のつくえの上にある学級日記を取り上げて読む。

（③）　ふうん、そうじちゅうに、しんじ君が花びんをわったんだね。

（④）　しんじ君かどうか、わからないんだよ。

たもつ　だって、そう書いてあるよ。

よしお　だから、しずえさんが来たら、消してもらうんだ。

たけし　きのう学級日記を書いたのはしずえさんだったね。

(1) このげきに出てくる人物は、次のだれですか。（　　）

ア たもつ　**イ** たけし

ウ 先生　**エ** よしお

(2) ①～④は、だれが言ったせりふですか。

①（　　）②（　　）

③（　　）④（　　）

(3) このげきは、いつ、どこでのことですか。

いつ（　　）

どこ（　　）

(4) よしお君の考えは、次のどれですか。（　　）

ア 花びんをわったのはしんじ君だ。

イ 花びんをわったのはしんじ君ではないかもしれない。

ウ しずえさんは、学級日記にうそを書いたから、うんとこらしめてやろう。

(5) 「たもつが教室のすみに行く。…読む」といった、場面や登場人物の動作などについて説明《せつめい》したものを、何といいますか。（　　）

2 次のきゃく本を読んで、あとの問いに答えなさい。

兄のしげると弟のひろしが、つつみの上でつりをしている。きょうは、村の秋まつりである。

①（　　）にいさん。おまつりのたいこの音が聞こえるね。

②（　　）しげる、だまってつりをしている。

③（　　）たいこの音が、早くおみやへおいで、早くおみやへおいでと、よんでいるようだね。ぼく、行きたいなあ。

④（　　）そら、引いている。

⑤（　　）ひろし、あわててさおをあげる。さかなはかかっていない。

⑥（　　）だめだ。ひろしはぼんやりしているんだもの。

⑦（　　）きょうは、つまらないなあ。つりなんかしたくないんだよ。

上手《かみて》から、あや子、とし子、みよ子が歌いながら出てくる。おまつりに行くとちゅうである。

⑥（　　）しげるさん、何をしているの。

⑦（　　）やあ、あや子さんか。

⑧（　　）三人、つつみにのぼる。

つりをしているのね。なにがつれるの。

――よくつれる。

そういいながら、とし子は、しげるのそばにならんですわる。みよ子は、ひろしのほうへ歩みよる。そして、ひろしのび*くをのぞきこもうとする。ひろし、あわててかくす。

⑨（　　）どうして、かくしたりなんかするの。

⑩（　　）よし、見せてあげるよ。ほら。――。

びくの中には、一ぴきもはいっていない。みんな、わらう。

*びく＝魚つりなどのときに、つった魚を入れておくかご。

(1) ①～⑩のせりふは、それぞれだれが言ったのですか。（　）に書き入れなさい。

(2) ア～ウは、げきのときに使う言葉を説明したものです。何について説明したものですか。

ア 舞台《ぶたい》に向かって右のほう。（　　）

イ 舞台に向かって左のほう。（　　）

ウ げきの場面をいくつかに切ったもの。（　　）

(3) げき中の場所「つつみ」とは、どんな所ですか。（　　）

ア 小高い土地。陸地《りくち》。

イ のぼり、くだりのある道。

ウ どて。ていぼう。

時間 20分
合かく 80点
とく点　点

答え▽別さつ23ページ

1 次のきゃく本を読んで、あとの問いに答えなさい。

出て来る者
四郎《しろう》　かん子
きつねのこん三郎《ざぶろう》
きつねの子たちおおぜい

ー　雪の野原（中まく前で）

雪がこおって固《かた》くなり、お日さまが照《て》りつける野原。下手《しもて》から、四郎と、妹のかん子が、雪ぐつをはいて、歌いながら出て来る。

四郎　かた雪かんこ、しみ雪しんこ。
かん子　かた雪かんこ、しみ雪しんこ。
四郎　うれしいね、かん子。雪がこおって、氷の一まい板みたいだ。
かん子　（雪の野原を指さして）きらきら光って、まるで鏡《かがみ》のようね。四郎兄《にい》さん。
四郎　秋のころ、このへんは、すすきの原っぱだったのに。
かん子　お日さまは照ってるし、大声を出したくなっちゃった。
四郎　森に向かってさけぼうか。
かん子　ええ、いっしょにね。
□
かた雪かんこ。
しみ雪しんこ。
きつねの子は、よめほしい。
きつねの子は、よめほしい。

---

(1) 今、舞台《ぶたい》に出ているのは何人ですか。（5点）
（　　）人

(2) このげきが、どんな地方のことであるかをしめす小道具（注）が一つあります。その名前を書きなさい。（10点）
（注）舞台で使うこまごました道具のこと。
（　　）

(3) 四郎とかん子は、舞台の右、左どちらから出てきますか。（5点）
（　　）

(4) 〰〰線「うれしいね」とは、何がうれしいのですか。（10点）
（　　）

(5) かん子は、なぜ大声を出したくなったのですか。（10点）
（　　）

(6) □のところに入るト《と》書《が》きとしてふさわしいものはどれですか。（10点）
（　　）

ア 四郎、大声で森に向かってさけぶ。

イ かん子、大声で森に向かってさけぶ。

ウ 四郎とかん子、大声で森に向かってさけぶ。

2 次のきゃく本を読んで、あとの問いに答えなさい。

村の子ども、姉と弟が草かごをせに、下手から出て来る。起きあがった悪太郎《あくたろう》、二人に気づいて、立ちあがり、両手を広げて立ちふさがる。姉と弟、あっけにとられているが、おたふくの面を見て笑《わら》いだす。

悪太郎　ウォー、ウォー……(二人が笑い続《つづ》けるので、とびあがって)何がおかしい。わしは、羽黒山《はぐろやま》のてんぐ様だぞ。(　①　)

弟　姉《ねえ》さん、なんだろう、これ。

姉　[　A　]――いたずらをして、笑わせているんでしょう。

悪太郎　おや、子どものくせに、ちっともこわがらないな。やい、やい、やいっ。(　②　)

二人、ますます笑う。草むらにかくれていた四人も、立ちあがって笑う。

悪太郎　(それに気づかず)どうもへんだな。やい、子どもたち、このてんぐ様の鼻が見えないのか。(鼻をにぎろうとするが)や、こりゃ変《へん》だぞ。(　③　)

①一同、声をあげて笑う。悪太郎、あわてて面をはずしてみて、おどろく。

悪太郎　②や、これはどうした。

その時、左右の草むらから、四人がとび出して、悪太郎をとりかこむ。

人々　こら、にせてんぐ。

わか者　にせてんぐをつかまえろ。

悪太郎　ごめんなさい、ごめんなさい。

にげまわるがつかまってしまう。

旅の男　(　④　)おや、羽黒山のてんぐ様、いったいどうなさいました?

(1) (①)~(④)にふさわしいト書きはどれですか。(20点／一つ5点)

①(　　) ②(　　) ③(　　) ④(　　)

ア からかい半分に。　**イ** おどかす。

ウ いよいよおおげさな身ぶりをする。

エ 鼻をにぎろうとくり返す。

(2) ――線①「一同」とは何人ですか。(10点)　(　　)人

(3) [A]にふさわしいせりふはどれですか。(10点)　(　　)

ア さあ何かしら　**イ** 羽黒山のてんぐかしら

ウ きっと悪太郎だわ　**エ** 変な子どもたちね

(4) ――線②「や、これはどうした」と言ったのはなぜですか。わかりやすく説明《せつめい》しなさい。(10点)

(　　　　)

20 日記・手紙

標準クラス

1 次の手紙を読んで、あとの問いに答えなさい。

おとうちゃん、お元気ですか。一年六か月もの病院ぐらしたいへんでしょう。おかあちゃんが、九回目のしゅじゅつもすんで、おとうちゃんも元気になった、と教えてくれました。

多美《たみ》も、毎日元気に学校に行っています。この間も西の宮のお宮におまいりして、弟のまさひこと、「おとうちゃんの病気が早くなおりますように。」とおいのりしておきました。

それと、夏休みに入ってすぐ、電車でお見まいに行きます。その時、春うえたとうもろこしの実ができましたので、それをゆでて持って行きます。「おとうちゃんの病気がなおるように」と、いのりをこめています。おかあちゃんが、「おとうちゃんの大すきなとうもろこしだから、きっと食べてなおってくれるよ。」といっています。

病院の先生のいわれるように、ゆっくりとしてからだをむりしないようにしてください。きっと行きますよ。

おとうちゃんへ

多美

(1) 「だれ」から「だれ」へ出された手紙ですか。

（　　　）から（　　　）へ

(2) 手紙を書いたのはいつごろですか。（　　）

ア 春休み　**イ** 夏休み

ウ 夏休み前　**エ** 冬休み

(3) この手紙で最《もっと》も知らせたいことは何ですか。（　　）

ア とうもろこしが実ったこと。

イ お宮におまいりしたこと。

ウ とうもろこしをもって会いに行くこと。

(4) これは、どんな手紙ですか。（　　）

ア お見まい　**イ** れんらく

ウ あいさつ　**エ** 案内《あんない》

(5) おとうちゃんは、どこにいますか。（　　）

ア 家の中でねている。

イ 近くの病院に入院している。

ウ 遠くの病院に入院している。

答え▼別さつ24ページ

2 次の中で、「手紙の書き方」について書いてあるものには○、「日記の書き方」について書いてあるものには×をつけなさい。

① (　)必《かなら》ず用事を書き、日づけやあて名も書く。

② (　)その日のできごとと、それについての反省《はんせい》などを書く。

③ (　)日づけや曜日や天候《てんこう》などを書く。

④ (　)はじめにあいさつを書くなど、文章を書く形がきまっている。

3 次の日記を読んで、あとの問いに答えなさい。

十二月十九日　水曜日　晴れ

けさは、とても寒かった。わたしは、かぜをひいているので、起きるのが、(A)つらかった。

学校へ行くと、もう、何人かの人がサッカーをしていた。森川《もりかわ》さんは、顔に(B)あせをかいてがんばっていた。わたしは、カバンを(C)外に出て、なかまに入った。わたしがパスしたボールを後藤《ごとう》さんが、シュートして一点入れた。そのままの点で勝てて、うれしかった。

一校時目は、新しい、学校の児童会《じどうかい》の会長・副会長《ふくかいちょう》のせんきょがあった。わたしは、会長には、とてもユーモアがあり、(D)スポーツをさかんにし、みんなで勉強も助け合いたい、といった浮田《うきた》君に入れた。後から、会長に浮田君、副会長に鈴木《すずき》君、井藤《いとう》さんがえらばれた。

日本の国のせんきょは、二十七日に行われます。

(1) (A)～(D)にあてはまる言葉を次から選《えら》び、記号で答えなさい。

ア いっぱい　**イ** おくとすぐ　**ウ** しかし

エ しかも　**オ** たいへん　**カ** すっかり

A (　)　B (　)　C (　)　D (　)

(2) この日記で最も書きたかったのは何ですか。ふさわしいものを次から二つ選び、記号で答えなさい。

ア サッカーをして勝ってうれしかったこと。

イ わたしが、かぜをひいて苦しかったこと。

ウ 児童会のせんきょがあったこと。

エ 国のせんきょがあること。

(　)(　)

(3) この日記を事がらにそって四つに分けたとき、そのできごとをそれぞれ書きなさい。

一つ目 (　)

二つ目 (　)

三つ目 (　)

四つ目 (　)

時間 20分　合かく 80点　とく点 点

答え▽別さつ24ページ

1 次の日記を読んで、あとの問いに答えなさい。（55点／一つ5点）

五月十日　水曜日　晴れ

きょう先生から、かたつむりを八ぴきいただきました。からだもからも茶色のが四ひきと、黒いのが四ひきです。ぼくは、植木ばちに入れてかうことにしました。

五月十六日　火曜日　晴れ

かたつむりは、えさと同じ色のふんをします。じゃがいもをやると、きれいな、白いふんをします。青いなっぱをやると、こい緑色のふんをします。

けれども、黒いかたつむりは、何を食べても、いつも黒いふんばかりしています。どうしてだろうと、ふしぎに思いました。

五月十八日　木曜日　雨

きょうは、にんじんをやりました。かたつむりは、にんじんがだいすきらしいのです。

（中略《ちゅうりゃく》）

ふんは、みかん色でした。黒いかたつむりは、やっぱり黒いふんをしていました。

かたつむりの口を見つけました。二ミリメートルぐらいで、その間から、こげ茶色のしたが見えました。

(1) このような日記を、何といいますか。（　　）

ア 生活日記　イ 未来《みらい》日記　ウ 学習日記

エ 観察《かんさつ》日記　オ 週番日記　カ 動物日記

(2) 「ぼく」は、どんなかたつむりを、何びきかっていますか。

どんなかたつむり	何びき

(3) 黒いかたつむりは、どこが黒いのですか。

（　　）

(4) 次は、かたつむりをかってわかったことです。（　）にあてはまる言葉を書き入れなさい。

① かたつむりは、（　　）と同じ色のふんをしますが、黒いかたつむりは、何を食べても（　　）ふんばかりします。

② じゃがいもをやると、白いふんをします。青いなっぱをやると、こい（　　）のふんをします。

③ かたつむりの口は、（　　　）ぐらいで、その中にしたがあります。したの色は（　　　）です。

2 次の手紙を読んで、あとの問いに答えなさい。

治夫《はるお》君、Ⓐ元気ですか。

わたしも、こちらに転きんして来て、もはや一年がたとうとしています。もう、あなたたちは四年生ですね。おわかれに行った上野《うえの》①ドウブツエンのことを思いⒷ起こすことがあります。あなたたちは、きっと元気に、まっさおな大空のような心で、②アタラしい先生とⒸ勉強に③ウちこんでいることでしょう。④ドクショもだんだんⒹ大事になってきますよ。わたしも、四年生に、「ごんぎつね」を⑤オシえましたが、何人かの子どもはなみだを流して聞き入ってくれました。

「こんなに、心のやさしいごんが、兵十《ひょうじゅう》のてっぽうでうたれるなんて。」とか、

「わたしたちより、兵十の方が、もっとかなしいんよ。きっとごんのはかをたててはかのそばでくらしたと思うよ。」

などともいっていました。君も、とても本を読むのがすきだったので、ぜひ読んでほしいものです。

そうそう、こちらは、広島市《ひろしまし》からⒺ急行で一時間ばかり東の方にある三原《みはら》の町です。むかしは、おしろがあったところで、そのかたちが海上から見ると、しろがういたようなので、「うきしろ」といわれていたそうです。この町につたわる「やっさおどり」というのは「あわおどり」ににていて、毎年八月のおぼんに夜中まで、町中をおどりまわるのですよ。一度見に来ないかな。（中略）

すぐ、南には、せと内海《ないかい》というきれいな海が、いつも青々と光っています。

では、みなさんによろしく。絵はがきを入れておきましたので、みなさんにも見せてあげてください。

三月二十二日　岡田晴夫《おかだはるお》

治夫君

(1) ——線①〜⑤を、漢字で書きなさい。（10点／一つ2点）

①（　　　）②（　　　）③（　　　）

④（　　　）⑤（　　　）

(2) 〰〰線Ⓐ〜Ⓔの読みがなを書きなさい。（10点／一つ2点）

Ⓐ（　　　）Ⓑ（　　　）Ⓒ（　　　）

Ⓓ（　　　）Ⓔ（　　　）

(3) 「だれ」から「だれ」へ出された手紙ですか。（完答10点）

（　　　）から（　　　）へ

(4) この手紙の前文、本文、末文《まつぶん》の終わりに、それぞれ』を書き入れなさい。（15点／一つ5点）

21 ずい筆・紀行文《きこうぶん》

標準クラス

答え▼別さつ24ページ

1 次の文章を読んで、あとの問いに答えなさい。

夏が近づき、鶏《にわとり》のひながかえる頃《ころ》になると、母は私《わたくし》をせまい鳥小屋につれて行っては「ほら、耳をすましてごらん。ひながかえり始めるよ。聞こえるだろう。」と、そっと[A]のだった。鳥小屋のすみでは、親鳥が、十《じっ》個《こ》ほどの卵《たまご》をはらの下にだいて、[B]温めていた。コトコト、コツコツと、[C]音がひびいてくる。すでにひなにかえった子が、自分のくちばしで卵のうちがわから殻《から》をつついているのだ。「どうして、親鳥がわって出してやらないの。」と私がたずねると、「そんなことをしたら、生まれてきたひなは生きていかれないんだよ、力がつかなくてね。自分の力で殻をわって、外に出られるようでなくては。それが、この世で元気に生きていくための最初《さいしょ》のつとめなんだよ。」

母は、卵を見つめている私に、こう説明《せつめい》してくれた。自分の力で固《かた》い殻をわって生まれてこないと、強いひなになれないことを、母はよく知っていた。やがて、十羽《じっぱ》ほどのひなが、あい前後してかえり、[D]鳴き声をあげながら、元気に黄色の体をおどらせた。

生まれこきょうの山村では、養蚕《ようさん》がさかんだった。形のよい繭《まゆ》を選《えら》び、蛾《が》になるまで育て、卵をうませる。これは主に父のしごとだった。この卵のよしあしが、翌年《よくねん》の養蚕の成否《せいひ》に関係《かんけい》することになる。繭の中でさなぎになった蚕《かいこ》がだっぴして蛾になり、外に出ようと糸をかき分けている様子は外からもよく見えた。「繭をはさみで切って穴《あな》をあけてやったら、蛾も楽だろうに……。」と、私がふと[E]と、父は大きく首をふった。「いらぬ世話はしないことだ。」

ひなでも蚕でも、自分の力で殻をやぶり、自分の力でかわをぬがなければ、おとなになれない。

（宮下正美《みやしたまさみ》「自然《しぜん》の深い知恵《ちえ》に学ぼう」）

(1) 文章中の[A]～[E]にふさわしい言葉はどれですか。

A ア つぶやく　イ 話す　ウ ほのめかす　エ ささやく　オ 耳うちをする　（　）

B ア ちょっと　イ 少し　ウ 一心に　エ わずかに　オ しばらく　（　）

C　ア うるさい　イ 静《しず》かな　ウ 大きな
　　エ 美しい　オ かすかな　（　　）

D　ア うるさい　イ わずかな　ウ かれんな
　　エ にぎやかな　オ やかましい　（　　）

E　ア ささやく　イ つぶやく　ウ しゃべる
　　エ 助言する　オ 文句《もんく》をいう　（　　）

2 次の文章は、北海道《ほっかいどう》旅行記の一部です。読んで、あとの問いに答えなさい。

函館《はこだて》から約《やく》五時間、列車は札幌《さっぽろ》に着いた。わたしたちは、観光《かんこう》バスで市内を見学した。まず、おどろいたのは、道がごばんの目のようにきちんとしていることだった。はば百五メートルもある中心の大通りには、緑のなみ木が続《つづ》き、中にきれいな花だんがあって、まるで①公園のようだった。札幌名物の時計台《とけいだい》も見た。

北海道大学へ行った。大学のこう内には、クラーク先生の胸像《きょうぞう》がそびえていた。わたしはふと、クラーク先生の「少年よ、大志《たいし》をいだけ！」という言葉を思い出した。

札幌こう外に、月寒《つきさむ》の牧場《ぼくじょう》がある。見わたすかぎりの草原に、羊《ひつじ》のむれが遊んでいる景色《けしき》は、とてもゆう大だった。

札幌で一ぱくして、わたしたちは列車で美幌《びほろ》へ出発した。とちゅうはひろびろとした草原が多く、牛や馬や羊がのんびりと草を食べていた。冬の間、家ちくにやるえさを入れておくサイロが立っているのも、めずらしいながめである。

美幌駅からバスで美幌とうげへ向かった。美幌とうげに着いた時、わたしたちは、②美しいながめに、思わずかんせいをあげた。北を見ると、緑のじゅうたんをしきつめたような草原の向こうに、大きな平野が、ゆるやかに波打ちながら、オホーツクの海にせまっている。

(1) この旅行記は、何日間のことを書いたものですか。

（　　）日間

(2) 筆者は、北海道のどこを旅行しましたか。次の□に、行った順《じゅん》に場所または地名を書き入れなさい。

函館 → ① □ → ② □ → 月寒 → ③ □

(3) 何が「①公園のよう」なのか、十字以内《いない》で答えなさい。

□□□□□□□□□□

(4) 「②美しいながめ」とありますが、どんなながめだったか、次の二つに分けて説明しなさい。

草原（　　）

平野（　　）

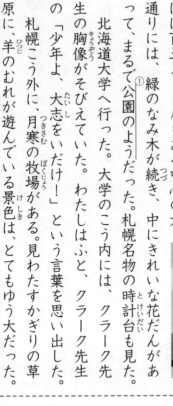

21 ずい筆・紀行文《きこうぶん》

ハイクラス

時間 30分
合かく 80点
とく点 　点

答え▼別さつ25ページ

1 次の文章を読んで、あとの問いに答えなさい。

今、私《わたし》の手もとには、何枚《なんまい》かの美しい絵はがきがちらばっている。日光《にっこう》の思い出深い滝《たき》の絵はがきである。有名な華厳《けごん》の滝、竜頭《りゅうず》の滝、霧降《きりふ》りの滝の①それをながめているうちに、「日光はきれいだったなあ。」と、また、ふと、ため息がもれる。

日光は、[　　　　　]

日光街道《かいどう》の杉並木《すぎなみき》をはじめとして、輪王寺《りんのうじ》や東照宮《とうしょうぐう》などの寺の中や周《まわ》りに、見上げるばかりの大きな杉が、いく百本、いく千本とあった。

杉並木の長さにはほんとうに驚《おどろ》いた。まっすぐな道路を快速《かいそく》バスで何分走っても、なかなかぬけ出せないほどの長さなのである。その杉も樹齢《じゅれい》何百年もたったと思われる大木ばかりである。

バスの窓《まど》からながめる高い高い杉は、ビュンビュンうしろへとんでいった。道路わきの小さな土のおかに、大きな太い幹《みき》がにょっきりのびているのもあれば、その小さなおかを力強い手で、指で、がっしりとつかんでいるのもあった。そういう杉の木々が、道路に、バスにのしかかってくるようだった。雄々《おお》しくだまって真っすぐのびて立ち並《なら》ぶ杉の中を通りぬける私にとって、それは、日光山の入り口の両わきに立つ、大きな守り神のような気がした。

ハイウェイがだんだん登り坂になってくるころには、奥日光《おくにっこう》のそうれいな連山《れんざん》が見えだしてきた。谷間に白すじの雪をかぶった白根山《しらねさん》や男体山《なんたいさん》が見えてきた。バスのうしろの方を見ると、登ってきた道の先のほうの緑の谷間に、小さく日光市が見えている。通る道の両側《りょうがわ》は、ふき出したばかりのうすい若葉《わかば》があふれんばかりである。

(1) 筆者がこの旅行をした季節《きせつ》はいつごろですか。また、それがわかる部分をぬき出しなさい。(20点／一つ10点)

(　　)の初《はじ》めごろ。(　　　　　)

(2) ——線①は何を指していますか。四文字で答えなさい。(10点)

[　][　][　][　]

(3) [　　]にはどんな文を入れたらいいですか。(10点)

ア ともかく、有名なところであった。
イ ともかく、滝しかないところであった。
ウ ともかく、杉の木が多いところであった。

(　　)

(4) 雄々しい杉並木を筆者は何にたとえていますか。その部分に——線を引きなさい。(10点)

2 次の文章を読んで、あとの問いに答えなさい。

小春日和《こはるびより》は、①一ヵ月あまりつづく、*静穏《せいおん》な②間奏曲《かんそうきょく》である。十一月のはじめには鉛色《なまりいろ》の空がもどってくる。*ダウンタウンの高層《こうそう》ビル上の旗《はた》が、いままでは東へ向いていたのに、とつ然《ぜん》、[A]へ向きを変《か》える。雨と風がおとずれる③前兆《ぜんちょう》である。旗は間もなくバタバタとふるえはじめる。雨がもうすぐ降《ふ》りだすにちがいない。南から風がのぼってきているのである。街《まち》のなかで、まるでなじみのない悪臭《あくしゅう》が南風に乗ってただよって、雨の近いことを知ることもある。

サンフランシスコの湾岸一帯《わんがんいったい》に雨を降らすのは、太平洋《たいへいよう》をわたって旅をしてくる、暗い低気圧《ていきあつ》である。雨ははじめ、細《こま》かいモヤかと思うほどにそっとほ道に落ちて、家々の南向きの窓《まど》をぬらしはじめる。サンフランシスコ在住《ざいじゅう》の日本人は、「また[B]か」と思うという。一〜二月ごろまで、よく雨が風をともなって、降るからである。

西の窓に雨のつぶが集まると、とうげをこしたしるしであり、北窓に*雨滴《うてき》が光れば、雨も風ももうすぐにやむ。サンフランシスコでは、雨が去ることは、冷《つめ》たい大気が北から下ってくることでもある。

（枝川公一《えだがわこういち》「サンフランシスコ　旅の雑学《ざつがく》ノート」）

*静穏＝静《しず》かでおだやかなこと。　*ダウンタウン＝街の中心部。
*雨滴＝雨のつぶ。

(1) どの季節について書かれていますか。(5点)

ア 早春　イ 初夏《しょか》　ウ 初秋　エ 初冬　（　　）

(2) ――線①は一ヵ月よりも少し長いことを表しますが、一ヵ月よりも少し短い場合は何と表現《ひょうげん》しますか。ひらがな三文字で答えなさい。(10点)

一ヵ月［　　　］

(3) ――線②の説明《せつめい》としてふさわしいものはどれですか。(10点)（　　）

ア「小春日和」という曲がサンフランシスコに流れるときがあることを明らかにしている。

イ「小春日和」を曲にたとえ、これからやってくる季節の暗さを一層わかりやすくしている。

ウ「小春日和」はサンフランシスコだけにあらわれる特別《とくべつ》な期間をしめしている。

(4) [A]に入る方角を記号で答えなさい。(5点)

ア 東　イ 西　ウ 南　エ 北　（　　）

(5) ――線③と同じ意味の言葉を、ひらがな四字で答えなさい。(10点)

［　　　　］

(6) [B]に入る季節を表す言葉をひらがな二字で答えなさい。(10点)

［　　］

（金城学院中―改）

チャレンジテスト⑨

1 次の言葉は、あるげきのせりふを、ばらばらにしてならべたものです。これを読んで、あとの問いに答えなさい。

悪太郎《あくたろう》、てんぐの面をかぶったまま、木の根にこしをかけていねむりをしてしまう。しばらくして、下手《しもて》からぼうぎれを持った村のわか者1・2、それに最初《さいしょ》の村の男、旅の男が出てくる。

（1）（舞台《ぶたい》のはしから、こわごわ、木の方をさして）あの木だ。あの木の後ろだ。思いだしても身ぶるいがする。

（　）（悪太郎を見ておどろき）あ、てんぐだっ。

（　）（村のわか者たちに）①わしのときもそうでした。いや、もう、おそろしい顔をしたてんぐで、ひと目見るなり、きもをつぶしました。

（4）（わか者1のそでをひっぱって、木の根かたをさし）やっ、あれはなんだ。

（　）②なあに、もうだいじょうぶ。わしら四人なら、てんぐだろうが、おにだろうが、こわがることはない。

その声に、一同おどろき、われさきにとわっとにげだす。

答え▼別さつ26ページ

時間	合かく	とく点
20分	80点	点

(1) どんな場面でのせりふですか。(10点)（　）

ア てんぐが木の根かたでいねむりをしていると聞いて、四人がぼうぎれを持って、こらしめに行った。

イ 村の男と旅の男が、てんぐをこらしめるために村のわか者たちを案内《あんない》して、てんぐを見つけた。

ウ ぼうぎれを持って歩いていた四人が、ぐうぜん、てんぐに出会った。

(2) どんな順《じゅん》じょにすると、正しいげきになりますか。（　）の中に番号をつけなさい。(完答15点)

(3) 次の①・②はだれのせりふですか。（1）は村の男、（4）はわか者2のせりふだとすると、(20点／一つ10点)

①「わしのときも…つぶしました」（　）

②「なあに、…こわがることはない」（　）

2 山田清子《やまだきよこ》さんは、ほかの学校に転任《てんにん》された吉川《よしかわ》先生に、手紙を書きました。読んで、あとの問いに答えなさい。(25点／一つ5点)

わたしはとても元気ですが、①先生も元気でしょうか。

先生とお別《わか》れしてから、もう半年以上《いじょう》もたってしまいました。楽しいにつけ、悲しいにつけ、いつも②先生のことが思い出します。

今日も、母が、「吉川先生はお元気かしら。」と、③おっしゃったのを聞いて、たまらなく先生にお手紙を書きたくなりました。

そこで、これから、わたしたちの学校生活の④ごようすをお知らせすることにします。

先日、わたしたちの学校の講堂《こうどう》で、市内の小学校の合同音楽会があり、各学校《かくがっこう》から、代表が集まりました。わたしたちの学校は、六年生が代表になって合唱《がっしょう》をしました。「よくまとまっていて、たいへんよかった。」と、先生がたが⑤言っていました。

では、寒さもいよいよきびしくなってきます。どうかお体をおだいじに。

さようなら

十二月二十一日　　山田清子

吉川先生

(1) ――線①～⑤には、手紙の書き方としてまちがっているところや、言葉の使い方、敬語《けいご》のあやまりなどがあります。その部分を正しく書きなおしなさい。

①（　　） ②（　　）
③（　　） ④（　　）
⑤（　　）

---

3 次の手紙を読んで、あとの問いに答えなさい。（30点／一つ10点）

お手紙拝見《はいけん》いたしました。家族でより集まって読みました。

このたび広島《ひろしま》においでくださることを知り、みんな大《おお》喜《よろこ》びです。おいでの日、父とわたしが駅までお迎《むか》えにまいります。十三時五十七分着の「のぞみ九号」でございますね。出口のところでお待ちいたします。もし、予定を変更《へんこう》されるようなことがございましたら、電話でお知らせください。きのう、電話番号がかわりました。

みなさまによろしくお伝《つた》えください。

(1) この手紙を送る相手はどんな人だと考えられますか。（　　）
ア 引っこした友達。
イ 学校のたんにんの先生。
ウ 父親の仕事の関係者。
エ 遠くに住む目上の人。

(2) この手紙の内容《ないよう》は、次のどれですか。（　　）
ア 手紙のお礼　**イ** お迎えの打ち合わせ
ウ ごきげんうかがい　**エ** ご案内

(3) この手紙文の中で、大切なことがぬけています。それは何ですか。（　　）

22 観《かん》察《さつ》・記《き》録《ろく》文《ぶん》

標準クラス

答え▼別さつ26ページ

1 次の文章を読んで、あとの問いに答えなさい。

セミのよう虫は、大きく曲がった前足をゆっくり動かしている。からだ全体が茶色で、やわらかである。目、しょっ角、口がくだになっている。足も、六本そろっている。はらには、よこにしまのようなもようがある。はねは、小さくて、耳のような形をしている。

(1) この文章は、何について説明《せつめい》したものですか。

（　　　）

(2) この文章は、どこのどのような様子を観察していますか。六つ書きなさい。

（　　　）
（　　　）
（　　　）
（　　　）
（　　　）
（　　　）

2 次の文章を読んで、あとの問いに答えなさい。

「これはね、かっこうのひなだよ。ところが、このすはもずのすなんだ。つまり、もずのすに、かっこうのひなが育っているというわけだ。」

研究所の人の話によると、かっこうは、もずの親鳥がるすのとき、もずのすのたまごの間に、じぶんのたまごを産《う》みおとすのだそうです。ところが、かっこうは、もずより早く、ひながかえります。そのひなは、じゃまになるもずのたまごを、すの外にかき出してしまいます。かわいそうに、もずは、このひなをじぶんのこどもだと思っています。

(1) この文章は、どういう文章ですか。

ア 見学記録文　イ 説明文
ウ 観察記録文　エ 生活文

（　　　）

(2) 筆者がこの文章で最《もっと》も書きたかったことを、まとめて書きなさい。

（　　　）

3 次の文章を読んで、あとの問いに答えなさい。

けさ見たら、からだがちぢみ、足に糸のようなものが見え、さなぎになりかけたのが六ぴきいました。前に、さなぎになる場所によって、その色がちがうということを聞いたことがありました。そこで、一ぴきを青い木のえだにつけ、三びきを白い紙につつみました。また、かれた木のえだに一ぴきつけ、のこり一ぴきは、まっかなセロファンのふくろに入れました。

夕方見たら、いちばん前の足としっぽに糸をかけて、前足の一本だけを木につけ、ほかの足はひっこませていました。せなかが白っぽくすきとおり、ときどき、頭だけはぴくぴく動かしていました。大きさは四センチ七ミリでした。

(1) これは、あげはちょうの記録です。どんなことを観察していますか。（　　）

ア からだがちぢむ様子。
イ さなぎになっていく様子。
ウ 足の動かし方。

(2) 一ぴきを、なぜ、まっかなセロファンのふくろに入れたのですか。（　　）

ア 赤いさなぎになるかどうかためすため。
イ ほかの虫にとられないようにするため。
ウ さなぎになりやすいようにするため。

(3) 一日に何回観察していますか。（　　）回

(4) たいへんよく観察しているところに——線を引きなさい。

4 次の文章を読んで、あとの問いに答えなさい。

屋上から見ると、飛行場《ひこうじょう》のはしから東京湾《とうきょうわん》までが、ひと目で見える。案内《あんない》の人が、「この空港は、日本をはじめ、世界の国々の航空《こうくう》会社約《やく》二十社の飛行機《ひこうき》が発着する国際《こくさい》空港です。国内航空や新聞社の飛行機も合わせると、一日に四百機ほどの発着があります。」と話していた。

ほんとうに、ここは、日本の「空の表げんかん」だと、ぼくは思った。

(1) この文はどこを見学したときの記録ですか。文中から四文字の言葉をぬきだして書きなさい。（　　）

(2) この場所が(1)のようによばれるのは、なぜですか。（　　）

(3) (2)のことをたとえて、筆者はここを何と表していますか。（　　）

22 観察《かんさつ》・記録文《きろくぶん》

ハイクラス

時間 30分　合かく 80点　とく点　点

答え▼別さつ26ページ

1 次の文章を読んで、あとの問いに答えなさい。

① 水がれい度でこおることは、理科で勉強したが、れい度になったらすぐこおるのか、どんなふうにしてこおるのかわからない。

② それで、わたしは、れい度になったしゅん間にこおりはじめると予想して、氷ができるところを調べてみようと思った。

③ 一月二十日、たいへん風が強く、耳がいたいくらいの寒さだった。午後二時の気温は、三度だった。

④ わたしは、午後五時に学校から帰ると、ミルクかんに水道の水をくんで、げんかんに出た。温度計を二本用意して、気温と水の温度の両方を計ることにした。

⑤ 午後五時、気温は一度、水の温度は八度だった。それから、五分たって七度に下がった。この五分間がずい分長く思われた。それからはなかなか下がらないので、風のよくあたる庭先へ持って出た。気温はれい度だった。五分たって、水の温度は五度に下がった。

（中略《ちゅうりゃく》）

⑥ 五時五十分、水の温度は、ついにれい度になった。わたしは、うれしくなって、思わず手をたたいた。しかし、ふしぎなことに、氷はまだはらない。おかしいなと思って、水をじっと見つめた。

⑦ 三分たった。水の表面に、木の小えだのようなものができた。手でさわると、はりみたいなものだった。おやっと思うまに、小えだはどんどんふえていって、急に、えだとえだとの間が白っぽくにごってきた。そっとさわると、氷だった。

⑧ わたしは、「できた。できた。」と、大きな声でさけんだ。気温を見ると、れい下三度だった。

⑨ わたしは、なんだか、大きな発見をしたような気持ちになった。

(1) 「わたし」が、実験《じっけん》をしてみようという気持ちになったのは、どうしてですか。(10点)

（　　　　）

(2) 実験の記録のしかたとしてよい点はどこですか。あてはまるものすべてに、○をつけなさい。(完答10点)

①（　）はじめに実験の動機を書いたこと。

②（　）実験前の午後二時の気温を記録したこと。

③（　）気温と水温の両方を記録したこと。

④（　）氷のできたときの様子を特にくわしく書いたこと。

⑤（　）小見出しやかじょう書きなどを入れず、読みやすくしたこと。

(3) 思っていたことと、実験の結果《けっか》は同じでしたか。また、それはどこからわかりますか。段落《だんらく》の番号で答えなさい。(10点／一つ5点)

（　）　段落の番号（　）

(4) 水を表に出して、氷がはるまでの時間は、どれだけかかりましたか。(10点)（　）

(5) 氷はどこからはっていきますか。それがわかる段落の番号を答えなさい。(10点)（　）

(6) 氷ができたときの様子をそれぞれ書きなさい。(15点／一つ5点)

①水温が（　）になって（　）分後、氷がはり始めた。

②気温（　）　③場所（　）

2 次の文章を読んで、あとの問いに答えなさい。

まず、水の音に注意することです。水道のせんから出る水の音に気をつけていれば、どのくらいたまったかだいたいわかります。

けれども、ふろ場からはなれていたり、ラジオやテレビがつけてあったりすると、よくわかりません。A、ふろ場の戸がしまっていても、よくわかりません。

B、次に、ちょうどいいくらい水を入れるのに、どれだけかかるか、時間を計ってみることも、一つの方法《ほう》だと思いました。水をためるのにかかる時間を知っておけば、何回も見に行かなくてもすむと思ったからです。

C、じっさいに計ってみると、あまりあてになりませんでした。最初《さいしょ》の日は、二十分でちょうどいいぐらいになったのに、次の日は、二十分間では、そこまではたまりませんでした。ときには、水が多すぎることもありました。

(1) 文章中のA～Cにあてはまる言葉を、次から選《えら》び、記号で答えなさい。(15点／一つ5点)

A（　）B（　）C（　）

ア また　**イ** それから　**ウ** ところが　**エ** そこで

(2) この文章は、何について書かれていますか。(10点)

（　）

(3) (2)について、具体的《ぐたいてき》な方法を文章中から二つさがし、かんたんに書きなさい。(10点／一つ5点)

（　）
（　）

23 伝《でん》記《き》

標準クラス

1 次の文章を読んで、あとの問いに答えなさい。

長い間の一すじの努力がみとめられ、光太郎《こうたろう》は昭和三十七年には、政府《せいふ》がとくに仕事につくした人におくる黄《おう》綬褒章《じゅほうしょう》を受け、よく年、人命救助《じんめいきゅうじょ》による総理大臣賞《そうりだいじんしょう》も受賞した。また、昭和四十一年には、勲《くん》六等旭日章《きょくじつしょう》をさずけられた。それは、地位の高さや、働《はたら》きのはなばなしさではなく、ほんとうに、山一すじに生き、自然《しぜん》を愛《あい》し、多くの人々のためにつくしたことに対する、意味ある勲《くん》章《しょう》であった。

(1) 「黄綬褒章」はどんな人におくる勲章ですか。

（　　　　　　）

(2) なぜ光太郎に勲六等旭日章がさずけられたのですか。

（　　　　　　）

2 次の文章を読んで、あとの問いに答えなさい。

四十八才の時、ファーブルは、先生をやめて、いなかの家にうつった。（中略《ちゅうりゃく》）くる日もくる日も、休みなくこん虫を観察《かんさつ》し、記録《きろく》した。顔は日に焼《や》けて、農夫《のうふ》のようになった。また、よく虫めがねをのぞくので、左のまゆ毛は、レンズの形に曲がるほどであった。

こうして観察した結果《けっか》をまとめたのが「昆虫記《こんちゅうき》」十かんである。ファーブルは、この本を、五十五才のころから、三十年の年月をかけて、まとめた。

「昆虫記」は、科学の本だが、まるで物語や詩のように、いきいきと、こん虫のありさまをえがき出している。ファーブルが「科学の詩人」とよばれるのは、そのためである。

(1) だれの伝記ですか。（　　　　　　）

(2) 何をした人ですか。（　　　　　　）

答え▼別さつ27ページ

(3) どうして「科学の詩人」といわれたのですか。

（　　　　）

(4) ファーブルの顔の様子を書き表しているところに――線を引きなさい。

3 次の文章を読んで、あとの問いに答えなさい。

エジソンがうっかりテーブルのはしにおいた薬品のかたまりが、ゆかの上に投げ出された。けむりが手荷物室いっぱいに広がったので、しゃしょうがかけつけて来た。しゃしょうは、バケツで水をかけて、やっと火を消しとめた。それからしゃしょうは①この少年科学者のところへ、つかつかと歩みよって、力まかせに顔をなぐりつけた。エジソンが、一生、耳のよく聞こえない人としてくらさなければならなかったのは、そのときしゃしょうに耳をひどくうたれたからだと言われている。

しかし、エジソンは、耳が聞こえなくなったことを、それほど悲しまなかった。（中略）　エジソンは、②その大きな不幸《ふこう》を、ただ不幸とばかり考えなかった。いろいろなもの音に気をとられないで、身を入れて考えることができるのを③しあわせに思ったという。

(1) 「①この少年科学者」とは、だれですか。

（　　　　）

(2) 「②その大きな不幸」とは、何のことですか。（　）

ア 列車の中で薬品をこぼし、火事にしたこと。

イ しゃしょうに、ひどくしかられたこと。

ウ 耳がよく聞こえないようになったこと。

(3) エジソンが、「③しあわせに思った」のは、なぜですか。

（　　　　）

4 次の文章を読んで、あとの問いに答えなさい。

「ごんぎつね」といえばだれでも知っている作品でしょう。彼《かれ》は若《わか》くしてこの世を去りましたが、かずかずの名作をのこしています。「てぶくろを買いに」もそうです。どんなに人からにくまれても、どこまでも真心でもって人につくすというところ。手ぶくろを買いに行ってふと、母親のあいじょうに気づくあたたかさ。新美南吉《にいみなんきち》の作品は、ずっしりとわたしたちの心にひびきます。

(1) 「彼」とはだれのことですか。（　　　　）

(2) 作品のどういうところが――線のようになるのですか。文章中からさがして〰〰線を引きなさい。

(3) 「彼」の作品を二つあげなさい。

（　　　　）（　　　　）

時間 20分
合かく 80点
とく点　　点

答え▼別さつ27ページ

1 次の文章を読んで、あとの問いに答えなさい。（40点／一つ10点）

① 研究にあきることを知らない豊田佐吉《とよたさきち》は、さらにそれにも改良《かいりょう》を加《くわ》え、明治《めいじ》四十一年には、外国でもっとも進歩している機械《きかい》とくらべて、豊田《とよた》式自動しょっ機が、はるかにすぐれているというところまですすんでいった。それまでになるには、いろいろな苦心があるということは、いうまでもない。

（中略《ちゅうりゃく》）

② ある時など、前日からねむらないで研究をつづけていたと見え、目を赤くしながら研究室からとび出してきた。そして

「おうい。だれかいないか。」

と言って工場にかけこんでいった。気づかって、とんできた夫人《ふじん》に、やさしく、

「きょうは、元日でございますよ。」

と言われて、

「あ、そうだったのか。」

と、手にした図面を残念《ざんねん》そうに見つめていたという。

③ こうして、できあがった豊田式自動しょっ機は、女子工員ひとりで、五十台もの機械をあやつることができ、すばらしい速度で自動的にぬのをおることができるようになった。全世界にこの豊田式自動しょっ機が知られるようになったのである。

④ 二十四才で、人の力をかりて動かす機械を発明してから、六十四才で世を去るまで、一つの機械に命をかけてとりくんだ大きな仕事であった。

(1) この文章に書かれている大事なことは、次のどれですか。（　　）

ア 豊田式自動しょっ機が有名になったこと。

イ 豊田佐吉は、二十四才のわかさで、人の力をかりて動かす機械を発明したこと。

ウ 苦心に苦心を重ねて、豊田式自動しょっ機ができあがったこと。

(2) この文章から、どんなことを教えられますか。（　　）

ア 研究を完成《かんせい》するには、ねむってはいけない。

イ 一つのことに打ちこむ努力《どりょく》があってこそ成功《せいこう》するものだ。

ウ どんな研究でも命をかけなければ、完成しない。

(3) 豊田佐吉の苦心や苦労《くろう》は、どの部分からわかりますか。番号で答えなさい。

（　　）

(4) 豊田式自動しょっ機のすばらしさは、具体的《ぐたいてき》にどの部分からわかりますか。番号で答えなさい。

（　　）

2 次の文章を読んで、あとの問いに答えなさい。

キュリー夫人は、小さい時から頭のよい子でした。まだ小さい時、彼女《かのじょ》が生まれた国ポーランドは、ロシアによっておさめられていました。

マーニャといわれていた十さいの時、こんなことがありました。そのころ、れきしの勉強がきんじられていたのに、マーニャのクラスは、れきしの勉強をしていました。女の先生が自分の生まれた国について話すのを、いっしょうけんめい①心をかたむけて聞いていました。リーンとけたたましくベルが鳴り、みんないっせいにその本をかくしました。

ロシアの人がしらべに来たのです。校長先生について入って来た時は、みんなはもうさいほうをしていました。ロシア人が、ひとりに質問《しつもん》したい、といいました。女の先生はマーニャにあてました。すらすらとロシア語で答えたので、その場をのがれることができました。

マーニャは泣《な》きじゃくりながら、自分の心にもないことをしたことをかなしみました。自分の国がよその国におさめられていることがどんなに苦しいことであったのか。そんな中でも、②心ある人は、自分の国のことばで、自分の国のことを勉強していったのです。キュリー夫人の心の中に何物にも負けない心ができたのは、こんなことからかも知れません。

(1) 「①心をかたむけて聞いていました」というのはなぜですか。(10点)

ア おもしろい話だったから。
イ 自分たちの生まれた国のことだから。
ウ 先生が聞くように言ったから。

（　　）

(2) マーニャはどうして泣いたのですか。(10点)

ア あまりにひどく言われたので。
イ とてもうれしくなったので。
ウ 心にもないことをむりに言ったので。

（　　）

(3) キュリー夫人が十才のとき、れきしの勉強がきんじられていたのはなぜですか。(20点)

（　　）

(4) 「②心ある人」はどんなことをしたのですか。(20点)

（　　）

チャレンジテスト⑩

答え▼別さつ27ページ

時間 25分　合かく 80点　とく点　点

1 次の文章を読んで、あとの問いに答えなさい。

①それは、八月初《はじ》めの暑いばんでした。やわらかい毛に包《つつ》まれたまっ白いどうと、大きな水色のはねをもった「おおみずあお」が、家の中にまいこんできたのです。

その夜、このがは、三角紙の中で、ひとかたまりのたまごを産《う》みました。二〜三ミリぐらいの長円形で、ちょうどうずらのたまごを小さくしたような感じのこのたまごから、十日めの朝、五ミリほどの黒っぽいよう虫が、いっせいにふ化しました。わたしは、このよう虫たちを、ガラス製《せい》の飼育《しいく》びんに入れて、あんずの葉を、毎日新しく入れかえてやりながら、その育っていくようすを観察《かんさつ》しました。生まれたばかりの時は黒っぽかった毛虫は、数日たつと休みにはいり、第一回めのだっ皮《ぴ》を終わると、②からだの色が、見ちがえるほど変《か》わります。頭は茶色、全身は美しい緑色になり、せなかと側面《そくめん》に、だいだい色の小さなとっ起がぎょうぎよくならび、その上に、細く短い毛が、たばになってはえています。

(1) ——線①「それ」は何を指していますか。(10点)

（　　　　）

(2) 家の中にまいこんできた「おおみずあお」の様子がわかる部分に〜〜線を引きなさい。(10点)

(3) 文章中に出てくる次の数字は、何の大きさを表したものですか。それぞれ三字で答えなさい。(10点／一つ5点)

① 二〜三ミリ　□□□

② 五ミリ　□□□

(4) 産まれたたまごは何日めにふ化しましたか。(5点)

（　　　　）日め

(5) よう虫には何を食べさせて育てましたか。五字で答えなさい。(5点)

□□□□□

(6) ——線②「からだの色が、見ちがえるほど変わります」とありますが、どのように変わりますか。だっ皮後は「頭」と「全身」の二つに分けて答えなさい。(15点／一つ5点)

だっ皮前（　　　　）

だっ皮後　頭（　　　　）

全身（　　　　）

(7) この文章は、次のうちどれにあてはまりますか。

ア 見学記録《きろく》　イ 観察記録　ウ 実験記録《じっけん》　（　　）（5点）

② 次の文章を読んで、あとの問いに答えなさい。（20点／一つ10点）

宮沢賢治《みやざわけんじ》は、明治《めいじ》二十九年に、岩手県《いわてけん》の花巻《はなまき》という町に生まれました。花巻は、農村にかこまれた町で、ここから小さな汽車がでています。西の方には、マッチばこのような、小さな電車も通っています。賢治は「ゆめの国」とよんでいましたが、ほんとうに、おとぎ話のような感じのするところです。東北の方には、十二ひとえを着たおひめさまのような北上《きたかみ》の山々が見え、西北の方には、はるか遠くに、美しいからだを雲にまかれた岩手山《いわてさん》が見えます。おさない賢治は、そういう山々を、どんな思いでながめたことでしょう。

(1) 宮沢賢治が花巻を「ゆめの国」とよんでいたのは、なぜですか。（　　）
ア さびしい農村なので、あえて反対のことを言いたくなったから。
イ 町をとりまいているものが、すべてそういう感じをおこさせたから。
ウ ゆめの国を育てたかったから。

(2) 花巻に見られる「ゆめの国」らしいところを三つさがし、文章中に――線を引きなさい。

③ 次の文章を読んで、あとの問いに答えなさい。（20点／一つ10点）

清作《せいさく》は、村の小学校にあがった。よく勉強し、すばらしい成績《せいせき》をあげた。しかし、かれは、学校へ足の進まない日があった。ほかの子どもたちから「てんぼう、てんぼう。」とからかわれるからである。母は、心を鬼《おに》にしてしかった。

「男の子が、そんなことでどうする。あの磐梯山《ばんだいさん》をごらん。雪がふろうと、あらしが来ようと、びくともしないよ。」

磐梯山は、いつも見なれている山である。けれど、母にそう言われて見ると、大自然《だいしぜん》のいだいなすがたに、あらためて心をうたれた。清作は、めそめそしていた自分が、急にはずかしくなるのであった。

(1) 母が教えたことは何ですか。（　　）
ア ほかの子どもたちとは遊ぶな。
イ 磐梯山のように、びくともしない人になれ。
ウ めそめそしないで、やり返せ。

(2) 清作が、はずかしくなったのはなぜですか。
（　　）

そう仕上げテスト①

1 次の文章を読んで、あとの問いに答えなさい。

ここは、①動物と子どもたちが、心をふれあうための広場です。

広場のさくのなかに、子どもの字で書かれたかんばんがたっていた。

一年生のとき、飼育《しいく》委員になってきたことがあったけど、ここにくるのはひさしぶりだった。

広場といっても、さくのなかににわとり小屋と、うさぎ小屋の二つの小屋がたってるだけの小さな空間だ。

②うさぎ小屋のまえに、舞衣《まい》はすわりこんでいた。

ぼくはだまって、舞衣のうしろに立った。舞衣は、気がついたはずだ。いま見る舞衣のうしろすがたは、ぼくが日ごろ思っている舞衣より小さい気がした。

「ピョン太ちゃん、おみず、あげたからね。ピョン子も、のみな」

舞衣は、そういうと、立ちあがった。

「教室へ帰るのか」

ぼくがきくと、③舞衣はうさぎ小屋を見たまま、うなずいた。

「なんで帰るんだ、ここにいたいのならいろ」

舞衣が、はじめて、ぼくをふりかえった。

舞衣は泣《な》いて、それをよごれた手でこすったのか、目のまわりが黒くなっていた。舞衣を泣かせたやつを、憎《にく》いと思った。

「おまえ、顔をあらってからいけよ」

ぼくは、舞衣から目をそらした。

「きったねえな、この小屋」

うさぎ小屋のなかは、下が土になっているので、二羽《にわ》のうさぎはからだじゅうが土まみれで、まるでもぐらのようだった。

「だれが、いじめるんだ、いえ」

ぼくは、生まれてはじめて、舞衣を自分の妹だと意識《いしき》した。

舞衣がいじめられることは、ぼくもやられることなのだ。

舞衣のためではない。

ぼくは、④ぼくのプライドのために舞衣をまもるのだ。

（上條《かみじょう》さなえ「ひみつの猫《ねこ》日記」）

(1) ——線①「動物と子どもたちが、心をふれあうための広場」の様子が書かれた部分を三十八字でぬき出

答え▼別さつ28ページ

時間 40分
合かく 80点
とく点 点

し、はじめと終わりの五字を書きなさい。（句読点《くとうてん》も一字と数えます。）（完答5点）

[　　　　　]～[　　　　　]

(2) ——線②「うさぎ小屋のまえに、舞衣はすわりこんでいた」とありますが、舞衣はどんな作業をしていましたか。かんたんに書きなさい。（5点）

（　　　　　）

(3) ——線③「舞衣はうさぎ小屋を見たまま、うなずいた」とありますが、なぜふりかえらなかったのだと考えられますか。（5点）（　）

ア うさぎの世話でいそがしかったから。
イ 泣いてよごれた顔を見られたくなかったから。
ウ 「ぼく」にどなりつけられるのがこわかったから。
エ いじめられたうさぎから目をそらせなかったから。

(4) 舞衣のおちこんだ気持ちを、動物の様子を通して表《ひょう》現《げん》しているかのような一文をぬき出し、そのはじめの八字を書きなさい。（5点）

[　　　　　　　　]

(5) ——線④「ぼくのプライドのために舞衣をまもるのだ」とありますが、なぜ舞衣をまもることが「ぼく」のプライドをまもることになるのですか。本文中の言葉を使って書きなさい。（15点）

（　　　　　）

2 次の文章を読んで、あとの問いに答えなさい。

1 森の木々は話をするという。山口《やまぐち》大学の畑中博士《はたなかはかせ》は、植物は香《かお》りによってたがいに話しあっていると書いている。

2 柳《やなぎ》にテントウ虫がつくと、緑の葉は、にがい汁《しる》をだし、どうじに、①テントウ虫が目がまわってはきけをもよおすような、青くさいニオイをはなつ。

3 この青くさいニオイが、近くの柳にとどくと、柳はその葉をかたくして、テントウ虫が食べにくいようにして身をまもる。

4 東京農工大学《とうきょうのうこう》の松岡《まつおか》博士は、植物の葉にニオイを発する働《はたら》きがあるのなら、それをうけとめる受信《じゅしん》の働きもあるはずだと考えた。

5 バラの香りの中にもふくまれている、甘《あま》い香りのシトロネールという物質《ぶっしつ》を使って実験《じっけん》をおこなった。②これを＊炭酸《たんさん》ガスとまぜてクチナシの葉をおおうと、かすかな電気がながれる。

6 この方法《ほうほう》で、いろいろな香りや植物について実験をつづけてみると、似《に》たような現象《げんしょう》がおこることがたしかめられた。

7 ③動けない植物同士《どうし》、ニオイはこのようにして情報《じょうほう》を知らせる役目をはたし、いろいろな形で、通信《つうしん》の物質《ぶっしつ》をたがいにだしあっているのだろうと考えられる。

8 一日のうちで、香《かお》りの強さや質をかえる花がある。

9 テッポウユリは、夕方から夜にかけて甘いニオイを強くする。

10 日本の野生のフウラン*の香りのかわり方は、ドラマチック*だ。昼間はすがすがしいスズランのような香りが、暗くなるとバタークッキーのような強い甘さにかわる。夜、かつやくするガをひきよせて、花粉《かふん》を交配《こうはい》*してもらうつもりなのだ。フウランには、蜜《みつ》のはいった組長い管《くだ》があって、ガがらせん状《じょう》の長いくだをのばして蜜をすう仕組みになっている。夜、花が香りを強くするのは、暗くなってからかつやくする昆虫《こんちゅう》のたすけをかりるためなのだ。

11 花は咲《さ》く時間や咲き方にあわせ、昆虫《こんちゅう》のきらいなニオイをだしたり、さそう香りをだしたりしているのである。（中村祥二《なかむらしょうじ》「香りの世界をのぞいてみよう　ニオイの不思議《ふしぎ》な力」）

*炭酸《たんさん》ガス＝ドライアイスなどから出る、気体の一種《いっしゅ》。
*フウラン＝白く細い花びらをつける、ランという花の一種。

---

*ドラマチック＝感動的《かんどうてき》、印象的《いんしょうてき》な様子。
*交配＝植物のお花（オス）とめ花（メス）で種《たね》をつくらせること。

(1) ——線①「テントウ虫が目がまわってはきけをもよおすような、青くさいニオイをはなつ」のはなぜですか。（5点）　（　　）

ア テントウ虫が飛《と》んでいかないようにするため。
イ テントウ虫以外《いがい》の昆虫をよびよせるため。
ウ 近くの柳にもきけんを知らせるため。
エ 近くの植物のテントウ虫を追いはらうため。

(2) ——線②「これを炭酸ガスとまぜて……電気がながれる」ことから、クチナシの葉にどんな働きがあることが分かりますか。（10点／一つ5点）

ほかの植物の［　　　］をうけとめる［　　］の働き。

(3) ——線③「動けない植物同士……だしあっている」と同じ内ようを、たとえで表現《ひょうげん》した部分を本文中から二十字でぬき出し、はじめと終わりの五字を書きなさい。（完答5点）

［　　　　　］〜［　　　　　］

(4) テッポウユリやフウランの香りが、夜になると強い

甘さにかわるのはなぜですか。「交配」という言葉を使って書きなさい。(15点)

(　　　　　)

(5) この文章の段落《だんらく》のまとまりを図にしたものとして、あてはまるものを選《えら》びなさい。(5点) (　　)

ア 1 2 3 4 5 6 7 + 8 9 10 + 11
イ 1 + 2 3 4 + 5 6 7 + 8 9 10 11
ウ 1 2 + 3 4 5 6 7 + 8 9 10 + 11
エ 1 2 3 + 4 5 6 7 + 8 9 10 11

3 次の詩を読んで、あとの問いに答えなさい。

桜《さくら》の木の下で　　高木あきこ

風の日
満開《まんかい》の桜の木の下で
両手を枝《えだ》みたいに　すっくと上げると
たえまなく降《ふ》りかかってくる花びら
ふりふり　ふるふる　ふれふれ
ふりふり　ふるふる　ふれふれ……
歌のように　呪文《じゅもん》のように
ゆっくり口ずさんでいると
①いつかわたし　桜色に染《そ》まって
声まできれいな響《ひび》きになって
ふりふり　ふるふる　ふれふれ
ふりふり　ふるふる　ふれふれ……
年老《としお》いた古い桜の木
今年も　こんなに
みごとに咲いてくれて　ありがとう
②桜ふぶきのやさしい時間を　ありがとう

(1) この詩がえがかれている季節《きせつ》を漢字一字で書きなさい。(5点) □

(2) ——線①「いつかわたし　桜色に染まって」とは、どんなことのたとえと考えられますか。(5点) (　　)

ア 体の色が桜色になること。
イ 桜色がほかの色より好《す》きだということ。
ウ 桜になったような気持ちになること。

(3) ——線②「桜ふぶきのやさしい時間」とはどんな時間だとあなたは思いますか。自分の言葉を使って書きなさい。(15点)

(　　　　　)

そう仕上げテスト②

時間 30分
合かく 80点
とく点 点

答え▼別さつ28ページ

1 次の文章を読んで、あとの問いに答えなさい。（30点／一つ6点）

①小舟《こぶね》が集荷船をはなれて、うねりにひどく上下しながら岸べに向かって行く間、小犬は四本の足をふんばって、ふくれ上がってくる波濤《はとう》の山や、あわを吐《は》いている暗礁《あんしょう》をふしぎそうにながめていた。

おそらく小犬にとって、②それらは初《はじ》めて見るものにちがいない。

③長六《ちょうろく》はろをこぎながら小犬の様子にじっと目を留《と》めていた。

小犬にはおびえは見られなかった。

「ふん、これならええ、冬彦《ふゆひこ》のええ友だちになるだな。」

長六はひとり言を言った。

ぬれた石浜《いしはま》には五人の子どもが並《なら》んでいた。その中で一番の年長者が冬彦だった。（中略《ちゅうりゃく》）

「ふゆーひこー。ええ犬っこだぞー。」

長六はまだ④聞こえないとわかっていながらどなるのだった。

長六が小舟を石浜におし上げる間も待ち遠しくて、すねまで波につかって走り寄《よ》った冬彦は、

「やあ、ほんとうにかわいい犬っこだ。」

うれしそうにだき上げてほおずりをした。

---

(1) ——線①「小舟が…ながめていた」から想像《そうぞう》できる情景《じょうけい》を一つ選《えら》び、記号で答えなさい。（　　）

ア 北の海のきびしい冬の情景。
イ 荒海《あらうみ》にもまれる小舟の上の小犬の様子。
ウ あらしの吹《ふ》き荒《あ》れる北の海の情景。
エ 荒海で働《はたら》く人たちの様子。

(2) ——線②「それら」とは何ですか。一つ選び、記号で答えなさい。（　　）

ア うねりに上下しながら岸べに向かう小舟。
イ ふくれ上がってくる波濤の山。
ウ あわを吐いている暗礁。
エ ふくれ上がってくる波濤の山やあわを吐いている暗礁。

(3) ——線③「長六は…留めていた」から、長六の小犬に対するどんな気持ちがわかりますか。一つ選び、記号で答えなさい。（　　）

ア かわいくてたまらないという気持ち。
イ 親からはなしてかわいそうだという気持ち。

ひっぱると，はずして使えます。

小4

ハイクラステスト

読解力

答え

答え

小4 ハイクラステスト 読解力

読みの手がかり

1 言葉の意味

標準クラス 2～3ページ

1 (1)② (2)① (3)③ (4)⑥ (5)⑧ (6)⑤ (7)⑦ (8)④

2 ①ウ ②イ ③エ ④ア ⑤カ ⑥オ

3 (例《れい》)①電車の中でたつ。
(例)②早朝に家をたつ。

4 (1)ア (2)イ (3)イ・ウ

5 ①動機 ②回転 ③観光 ④費用 ⑤画家

6 (1)ウ (2)エ (3)オ (4)イ

7 ア・イ

考え方

1 (3)「地位《ちい》」が高くなっているので③です。(5)雨が「終わる」ということなので⑧です。

2 アはかみの毛という意味なので①ではなく④です。エえい画の「一番はじめ」という意味です。

3 ①「地面に両足でたつ。」、②「飛行機《ひこうき》で日本をたつ。」など、意味があっていれば正解《せいかい》です。

5 上下とも、全体を見てから一つ一つ組み合わせていくことが大切です。

7 ウ「てんでに」は、ひとりひとりという意味なので「そろって」が続《つづ》くのはおかしいですね。

ここに注意

4 使われている意味をよく理解《りかい》して答えましょう。(3)は、二つ正答があります。

6 よぶんな熟語《じゅくご》が二つあります。

ハイクラス 4～5ページ

1 (1)⑤ (2)② (3)④

2 (1)安い (2)太い (3)とく(ほどく) (4)ちぢむ (5)集まる (6)開く (7)開ける

3 (1)足 (2)した(舌) (3)手 (4)むね(胸) (5)目

4 (1)ウ (2)イ (3)エ

5 (1)エ (2)オ (3)ア (4)イ (5)ウ

6 ①ウ ②ア ③イ ④イ ⑤ウ ⑥ウ

7 (1)オ (2)エ (3)イ (4)ウ (5)ア

8 (1)①うわて ②イ
(2)①じょうず ②ア
(3)①ぶんべつ ②オ
(4)①ふんべつ ②ウ
(5)①こうふ ②エ

9 問屋・始末・題材・悲観・命令・愛着 (順《じゅん》不同)

考え方

4 (1)「自動・自信《じしん》・自作」の「自」は「ひとりでに・自分で」の意味。
(2)「指名・命名」の「名」は「なまえ」、「有名」は「ほまれ・ひょうばん」の意味。
(3)「短気・短文・最短《さいたん》」の「短」は「みじかい」の意味。

7 (1)「ぐち」とは、言ってもしかたのないことを言ってなげくことです。

9 「始末」＝初《はじ》めと終わり。「悲観《ひかん》」＝悲しんで望《のぞ》みをなくすこと。「愛着《あいちゃく》」＝かわいくて心がはなれないこと。

ここに注意

2 (6)(7)「開く」「開ける」は、送りがなによって読み方も変《か》わります。

2 言葉のきまり

標準クラス 6～7ページ

1 (1)ア・ウ (2)ア・ウ・カ・キ (3)イ・エ・オ・ク・ケ

2 (1)イ (2)カ (3)ア (4)ウ (5)キ (6)オ (7)ケ (8)ク (9)エ

3 ・屋上からのながめは、とてもきれいです。
・皇居の森や、国会議事堂や、イギリス大使館などが近くに見えます。
・テレビとうが高くそびえ立っているのも、よく見えます。

4 イ・ウ

5 ①ウ ②カ ③オ ④イ ⑤エ ⑥ア

6 (1)アら(れ) イる ウり(れ) エれ オろ
(2)アか(け) イき(け) ウく エけ オこ

7 (順《じゅん》に)は・お・は・う・へ(に)・お

8 ①○ ②× ③○ ④○ ⑤×
⑥× ⑦× ⑧○ ⑨○

考え方

1 「ぢ」「づ」には、特別《とくべつ》な使い方があることを思い出しましょう。

3 書き手の伝《つた》えたいことが三つあることに気づきましょう。

4 「れる・られる」とは、受け身、可能《かのう》、尊敬《そんけい》、自発(自然《しぜん》にそうなる)などの意味があり、例は、受け身を表していることから考えてみましょう。

5 上下とも全文をまず読んで、いちばんよいものをさがしましょう。

ここに注意

7 「は、へ」がどこに入るか注意しましょう。
また、「こおり」などはまちがえやすいので、次のような覚《おぼ》え方で覚えておきましょう。
「とおくの　おおきな　こおりの　うえを　おおくの　おおかみ　こおろぎ　おいかけ　とおずつ　とおった」

ハイクラス 8~9ページ

1 (1)ウ (2)キ (3)オ (4)イ (5)ク

2 (1)イ・ウ・オ・ク (2)ア・ウ・カ・キ

3 (1)イ (2)ウ (3)エ

4 (1)どうり→どおり・おうい→おおい
(2)おぢさん→おじさん・せんべえ→せんべい

5 (1)「お馬の親子」 (2)発表します。
(3)勉強すること――
(4)『明日、おうかがいします。』
(5)いいの? (6)ガス・水道料金が
(7)こと……(こと!)
(8)うれしい!(うれしい……)

6 (1)兄が、 (2)「行こう。」と、
(3)鳴き、 (4)でも、春は、

7 (1)・かれは、大急ぎでにげたうさぎを追いかけた。
・かれは大急ぎで、にげたうさぎを追いかけた。
(2)・かれは、泣きながら帰って行くまさおのあとを追った。
・かれは泣きながら、帰って行くまさおのあとを追った。

8 (1)ウ (2)イ (3)ア

考え方

1 (1)「息をのむ」=ひどくおどろく
(2)「てんでに」=ひとりひとり

3 (2)「鼻血」は「血《ち》」がにごった音なので「ぢ」です。

5 (3)「……勉強すること」と「それ」はイコールの関係《かんけい》なので「――」の符号《ふごう》が適当《てきとう》です。
(4)会話の中の会話には『　』をつけます。
(7)(8)「……」は、そのあとの言葉が出ないときなどに使います。

6 (1)会話「　」の前にうちます。
(2)会話「　」を「と」で受けて、それがすぐ述語《じゅつご》に続《つづ》かない場合、「と」のあとにうちます。
(3)重文の場合、切れ目にうちます。
(4)つなぎ言葉(接続詞《せつぞくし》)のあとにうちます。また、文の主語となる語のあとにうちます。

7 (1)「大急ぎで」が、どの言葉にかかるかで、意味がちがってきます。
(2)「泣《な》きながら」が、どの言葉にかかるかで、意味がちがってきます。

8 (1)「その赤い……ときは、」と「いつでも、」が、「家の中が……感じだった。」にかかります。
(2)「野原……いる、」が「花が」(主語)にかかります。
(3)「……笑《わら》い、」で切り、二つの文に分けることができます。
以上《いじょう》の点から、**アイウ**の文を見るとよいでしょう。

ここに注意

①かなで書くときには、ふつう発音どおりに書くことになっています。特《とく》にあやまりやすいのは、氷(こおり)、通る(とおる)、遠い(とおい)、大きい(おおきい)などです。

②「ぼくは駅へおとうさんをむかえに行きます」のような使い方のときは、「わ」「え」「お」と発音しても、かなづかいは「は」「へ」「を」と書くことになっています。

③二つの言葉がいっしょになってできた言葉は、もとのかなで書きます。

血→ち(鼻血＝はなぢ)　月→つき(三日月
＝みかづき)
同じかなが続く場合だけに、上の字と同じ字に「゛」をうちます。
例　つづく・ちぢむ・つづる・つづみ
このような場合以外《いがい》はいつも「じ」「ず」を使います。
例　じてんしゃ・まきずし
④漢字に送りがなをつける場合は、その字の読みがわかるところからつけます。
例　書く(書かない・書きます・書く)
もとになる読みを知っていることが大切です。
⑤文章を書くときには、文字のほかに次のようないろいろな符号を使います。
(1)句点《くてん》(。)……「まる」ともいい、一つの文の終わりにつけます。
例　花がさいた。
(2)読点《とうてん》(、)……「てん」ともいい、意味の切れ目と、読みあやまりやすいところにつけます。
例　ぼくは、かぜで休んだ。
(3)かぎ(「　」)……会話、または、ほかの言葉をはさむときなどに使います。
例　「おはよう。」
(4)かっこ(（　）)……きゃく本で動作の説明《せつめい》のときや、文のとちゅうでことわり書きをするときに使います。
(5)そのほかの符号
『　』〔—〕(?)(!)(・)(……)(——)など。

3 指示語・接続語

標準クラス　10〜11ページ

1 (1)オ　(2)ウ　(3)イ　(4)エ　(5)ア
2 (1)イ　(2)イ　(3)ア　(4)ア　(5)ア
3 ①ですから(それで・だから・したがって)
②けれども(しかし・だが)
4 (1)ここ　(2)そこ　(3)どれ
5 に・と・が・は・も・に
6 ①それは(なぜなら)
②けれども(しかし・だが)
7 (消すほう)(1)そのかた　(2)あっち
(3)あちら　(4)どちら
8 (1)先生の前のテーブル　(2)やなぎの木
(3)電信柱(のあるほう)　(4)背の高いかた
(5)あなたのそばにあるノート

考え方
3 「ですから」は、前の事がらを理由とした結《けっ》果《か》がくることを表す順接《じゅんせつ》の接続語《せつぞくご》(つなぎ言葉)です。「けれども」は、前の事がらからはよそうしない反対の事がらがあとにくることを表す、逆接《ぎゃくせつ》の接続語です。それぞれの意味を考えて、文にあてはめましょう。
4 指示語《しじご》(こそあど言葉)の問題です。指示語には、次のようなものがあります。
①自分や人の名前の代わりに使う言葉
この・その・あの・どの
②ものの名前の代わりに使う言葉
これ・それ・あれ・どれ
③場所の代わりに使う言葉
ここ・そこ・あそこ・どこ
④方角の代わりに使う言葉
こちら・そちら・あちら・どちら

ハイクラス　12〜13ページ

1 (1)きみの時計　(2)大水が出た
(3)目の前の鳥居
(4)ちょうが死んでいた(ところ)
(5)大きな岩(が見えるところ)
2 (1)×　(2)○　(3)×　(4)○　(5)×
3 (1)キ　(2)ア　(3)ウ　(4)カ　(5)イ
4 (1)オ　(2)ウ　(3)エ　(4)カ　(5)イ
5 ①イ　②ウ　③ア
6 (1)このかた(こちら)　(2)この(こんな)
(3)あの　(4)そちら(そっち)
(5)どなた(どちら)
(6)あちら(あっち・あそこ)
7 (順《じゅん》に)は(が)・と・が・から(し)・と・し・ば・て
8 また・しかし・それで

考え方
1 指示語が指している言葉は、多くの場合、指示語のすぐ前に答えがあります。言葉をかわりにあてはめるとよくわかります。
3 4 接続語(つなぎ言葉)には、次のようなものがあります。
①へい列《れつ》(事がらと事がらをならべる)
また・および
②つけ加え

そのうえ・それに・それから・しかも
③選《せん》たく(どちらかを選《えら》ぶ)
それとも・または
④話題てんかん(話をかえる)
さて・ところで・では
⑤順接(理由があって結果がくる)
だから・ですから・すると・それで
⑥逆接《ぎゃくせつ》(反対の事がらがあとにくる)
けれども・しかし・ところが・でも
上の文と下の文を読んで、関係《かんけい》を考えましょう。

読み取りのコツ

❶指示語(こそあど言葉)

わたしたちは、同じことを二度言うかわりに、これ・それ・あれ・どれなどという言葉を使いますが、そのとき、指すものによって、次のような使い分けをします。

	近い	中くらい	遠い	きまっていない
人	このかた	そのかた	あのかた	どなた・だれ
物	これ	それ	あれ	どれ
場所	ここ	そこ	あそこ	どこ
方角	こちら(こっち)	そちら(そっち)	あちら(あっち)	どちら(どっち)

❷接続語(つなぎ言葉)

上の文と、下の文をつなぐ役目をしている言葉を、つなぎ言葉といいます。つなぎ言葉の中には、もともと、つなぎ言葉であるものと、他の言葉が、つなぎ言葉の役目をしているものとがあります。

4 文の組み立て・種類

標準クラス 14〜15ページ

1 (1)A イ　B ア　C ウ(ア)　D ア
(2)(主語)人々は　(述語《じゅつご》)思った
(3)(主語)スチブンソンは　(述語)思いついた
(4)スチブンソンは
(5)イ

2 ①着ます　②です　③たたきました

3 (1)①きますから　②すみませんが　③たのみます(おねがいします)
(2)①知っていますから　②あげましょう
(3)①くださいました　②来られました

4 ①×　②×　③○　④○　⑤○　⑥○

5 ①昨日算数のわからないところを聞きましたか。
②町はネオンできれいですか。
③去年はスキーへ行きましたか。
④宿題をすませてから、遊びましたか。

考え方

1 (2)(3)文の中で「だれが(は)」や「何が(は)」に当たる部分を主語といい、主語に対して「どうする」「どんなだ」に当たる部分を述語といいます。これは、それぞれ人間の体でたとえると、(文の)頭と(文の)体といえるでしょう。
(4)(5)主語は省略《しょうりゃく》されることがあります。文の意味を考えて、ふさわしい言葉をあてはめて考えましょう。

2 3 「です」「ます」などのていねいな言い方を「敬体《けいたい》」、「だ」「する」などのふつうの言い方を「常体《じょうたい》」といい、それぞれ働《はたら》きがちがいます。文の内容《ないよう》にふさわしい文末表現《ぶんまつひょうげん》を身につけましょう。また、「くださる」「いらっしゃる」「めしあがる」などの、尊敬《そんけい》の表現も使えるようにしましょう。

4 ③「たぶん」のあとには「かもしれない」などのおしはかる言い方がきます。
④「言われました」以外《いがい》に「おっしゃいました」という言い方もあります。

5 文末を「〜か。」の形にします。

ハイクラス 16〜17ページ

1 (1)ウアエオイ(ウアオエイ)
(2)エアウイオ(アウイエオ)
(3)イエアウオ
(4)カアオウイキエ(カアオウキイエ)
(5)ウイカオキアエ

2 ①主語　②とばされた　③少女の　④春風に　⑤述語

3 (1)①チューリップが　②さいている　③うすい　④赤色の　⑤花だんに(たくさん)　⑥たくさん(花だんに)
(2)(①さくらが)→(②さいている)
(③校庭で)→(②さいている)　(④はなやかに)→(②さいている)
〔③④は入れかわってもよい〕
あるいは

(①校庭で)　(②はなやかに)
(③さくらが)→(④さいている)
(①②は入れかわってもよい)

4 (1)ア　(2)イ　(3)ア　(4)ア　(5)イ

5 (1)北海道は、雨がふっている。
(2)もう八時だから、学校におくれます。
(3)今夜は、とても冷えこみます。
(4)試験が気になって、なかなかねむれない。

6 (1)○　(2)×　(3)○　(4)×

7 (1)×　(2)×　(3)○　(4)○

考え方

3 このような文の組み立ての図を、文図《ぶんず》といいます。(1)は、①は主語、②は述語です。ここでは、まず、「どうした」(述語)を見つけ、それに対応《たいおう》する「何が」(主語)を読みとります。次に、主語・述語にかかる言葉(修飾語《しゅうしょくご》)を見ていきます。

4 (2)たとえは、何かほかのものをひきあいにだして、わかりやすく説明《せつめい》する言い方で「まるで〜(のよう)だ」という表現がよく使われます。

読み取りのコツ

❶文は「主語(頭)」と「述語(体)」の二つからできています。

例　花が、さく。ぼくは、歩いた。

「花が・ぼくは」が主語で、「さく・歩いた」が述語です。主語には、必《かなら》ず「□が」、「□は」、「□も」、というように「が」「は」「も」などがついています。

述語には、次の三つがあります。主語とのつながりをみると、

(主語)　(述語)
□は(が)(も)　どうする。
例　花が　さく。
□は(が)(も)　どうだ。
例　野原は　広い。
□は(が)(も)　なんだ。
例　これは　消しゴムだ。

❷文をくわしくするためには「かざり言葉」をつけます。

例　赤い花が、いっぱいさいた。

このように、どんな花か、どのくらいさいているかを説明する言葉を「かざり言葉」(修飾《しゅうしょく》語《ご》)といいます。

❸文の形

(ア)　敬体文《けいたいぶん》=目上の人に言うように、ていねいな言葉で書いた文。

例　わたしは、学校へ行きました。

(イ)　常体文《じょうたいぶん》=ふつうの言葉で書いた文。

例　わたしは、学校へ行った。

(なお、目上の人に、とくにていねいな言い方をする言葉を、敬語《けいご》といいます。)

以上の二つは、どちらも今の言い方で書かれた文ですが、文の形にはほかに、昔の言い方で書かれたものもあります。

❹文の書き表し方

(ア)　心からさけんだような文(感動の文)

例　まあ、きれいな花。

(イ)　命令《めいれい》をするような文(命令文)

例　ごみをすててこい。

(ウ)　たずねる文(疑問文《ぎもんぶん》)

例　その花は何という花ですか。

(エ)　ものにたとえて言う文(ひゆの文)

例　雪のように白い花だ。

❺時の表し方

・「述語」によってちがいますが次の三つによって、書かれています。

例 今のことをいう言い方(行く)、すぎ去ったことをいう言い方(行った)、これから先のことをいう言い方(行くだろう)

チャレンジテスト①　18〜19ページ

1 (1)飛ばす　(2)さそわれる
(3)よければ(よかったら)
(4)される(なさる)

2 (1)ウ　(2)エ　(3)ア

3 Aア　Bウ　Cエ　Dイ　Eア

4 (1)イ　(2)イ　(3)イ　(4)イ　(5)ア

5 (1)そりが合わない
(2)たいこばんをおす
(3)取りつく島もない
(4)目を見はる

6 (1)エ　(2)ア　(3)ウ

考え方

1 (2)映画《えいが》にさそっているのはだれかを考えましょう。(4)校長先生は、目上の人なので尊敬《そんけい》の言い方にします。

3 接続語《せつぞくご》(つなぎ言葉)の問題は、(　)の前と後の文の関係《かんけい》を考えましょう。

5 それぞれ(1)気が合わない　(2)だいじょうぶとほしょうする　(3)たよりにしてすがるところがない　(4)おどろくなどして目を大きく開くの意味。

ここに注意

4 (2)「どうしても」という言葉に着目しましょう。(5)イの言い方はお願いになります。

読み取りのコツ

❶むずかしい語句・慣用句《かんようく》

教科書や、その他の本を読んでいて、むずかしい言葉や慣用句にであったら、必《かなら》ず辞典《じてん》をひいて調べるくせをつけましょう。そして調べたら、その意味を、教科書や、その他の本の本文にあてはめてみるようにしましょう。同じ言葉がいろいろとちがった意味で使われていることが多いのです。

❷反対語

「大きい」の反対は「小さい」というように、おたがいに反対の意味を持つ言葉が、たくさんあります。それを知ることは、言葉の意味を知るうえでも、また、話したり、作文したりするうえでも、とても役だちます。

打ち消す言葉と反対語を区別《くべつ》しましょう。例《たと》えば、「寒い」の反対は「暑い」であるのに、「寒くない」とまちがえやすいので注意しましょう。

また、「重い―軽い」「重さ―軽さ」のように、下につく文字にも、注意するようにしましょう。

物語①

5 心情・情景をつかむ

標準クラス　20～21ページ

1 (1)ウ

(2)ウ

(3)ウ

(4)役めに向かない役人や、ばか者とりこう者とを見分けたいという気持ちから。

(5)(ふつうの人には見えるが、)自分の役めに向かない役人や、大ばか者には見えないところ。

(6)着物が好きで美しく着かざっては、人に見せるのを楽しみにしている気持ち。

(7)・いかにも働いているようなふりをしていました。

・はたおり機械には、何一つ取りつけてありません。

・あいかわらず、からっぽの機械で、働くふりをしました。

2 (1)着ていなかった。

(2)(みんなの言っていることが正しいように思ったが、)いまさら、行列をやめるわけにはいかないという気持ち。

3 (1)ものを言えばなみだがこぼれそうだったから。

(2)荒木くん(に)

考え方

1 (1)「…と言って、たくさんのお金をもらいました。」が、前にも出てきています。

(2)「王様は…考えました。」「ふたりの男に…させることに」などから、主人公が王様であることが読み取れます。

(3)「もちきり」とは、あることが話の中心になって、初《はじ》めから終わりまで続《つづ》くことです。「上等のきぬ糸」「まじり気のない金《きん》」「二台のはたおり機械《きかい》」で、どんな着物ができるかということが話題になっているということです。

(4)その着物を着るとどんなことがわかるか、書かれていることを読み取りましょう。

(6)(7)王様と悪がしこい男たちのそれぞれの行動と心情《しんじょう》をつかむと、内容《ないよう》がよく読み取れます。

2 会話のところを注意して読み取ります。

3 (1)「…なので」と、理由《りゆう》を示《しめ》してあるところに着目しましょう。

ここに注意

3 「ほんとうにうれしそうに」「なみだがぽろぽろこぼれそうなので」などの記述《きじゅつ》から、心情や情景《じょうけい》を想像《そうぞう》してみることは、物語の読み取りを進めるうえで大切なことです。

ハイクラス　22～23ページ

1 (1)一郎(君)(と)次郎(君)(順《じゅん》不同)

(2)イ

(3)ア

(4)ウ

(5)ア

2 (1)ア

(2)小さい草原

(3)だれかに自分が呼ばれたような気がすること。
(4)Bウ　Cア
(5)仲間の多いふもとの村へ連れて行ってほしいということ。

考え方

1 (2)前の会話文「有名になれなかったら…生まれてきたかいがない」を受けていることに着目しましょう。
(3)「ぼくだって…思っているのさ。」から、どんな考え方か読み取りましょう。
(4)次郎の発言を順におっていくと、「有名にならなくったって、…いいじゃないか。」「有名になろうなんて考えないな。」「そんなふうに思わないな。…とは思うけど。」と言っています。ここから次郎の考え方を読み取っていきましょう。

2 (1)「菜《な》の花」から季節《きせつ》は春であることがわかります。
(4) B は、その前の「…困《こま》るわ。」から考えられます。 C も、「困るわ。」や、「どうか…と頼《たの》みました。」から考えます。

ここに注意

1 北原白秋《きたはらはくしゅう》は、明治《めいじ》から大正《たいしょう》時代にかけて活やくした詩人で、「からたちの花」「砂山《すなやま》」などを作詩しました。

読み取りのコツ

心情の読み取り方

物語には、何人かの人物が登場してきます。それらの人物の気持ちや考えを読み取ることは、その作品を深く理解《りかい》するうえでとても大切なことです。

心情を読み取るうえで、次のようなところは大切な手がかりとなります。

❶人物の気持ちを直接表現《ちょくせつひょうげん》したところ。
例 少年は肩《かた》をふるわせながら、じっと悲しみにたえていました。

❷人物の態度《たいど》・動作・表情から心情が読み取れるところ。
例 そんな時、お父さんは、きまってゆみ子をめちゃくちゃに高い高いするのでした。

❸人物の言った言葉やその調子(語調)
例 「ごん、おまいだったのか。いつも、くりをくれたのは。」

このような表現を手がかりに、自分なりに人物の気持ちを想像して読んでいくようにしたいものです。

さらに、心情や情景を読み取るうえで大切なことは、自分の経験《けいけん》と結《むす》びつけたり、想像力を働《はたら》かせたりすることです。それが「深く読む」ということにつながります。

6 場面の様子をつかむ

標準クラス 24～25ページ

1 (1)ウ (2)イ
(3)ウ (4)イ

2 (1)(例《れい》)全部で百二十のくるみがあります。男の子は女の子の二倍の分けまえがあるように、男の子と女の子にくるみを分けなさい。
(2)(例)ぼくは、算数の問題がとけなくて、こまっていた。
(3)イ

3 (1)動物園
(2)①ガォーッとほえて(子どもたちを楽しませて)いる。
②知らん顔をして、のんびりしている。

考え方

1 「秋晴れが続《つづ》き…きゅうにはだ寒くなってきた。」「かれ葉」「もうすぐ、冬だね。」などの記述《きじゅつ》や会話文から考えましょう。

2 (2)「すると、とつぜん…」「これがそうなんだ。」「ぼくは、うれしくて…」などの記述から、ぼくが問題をとけなくて、こまっていた様子を読み取り、文章化しましょう。

3 (1)ライオンの「連《つ》れてこられた」「せまい」や「一日じゅう、のんびり」、クロヒョウの「子どもたちが来たって…」という発言から、場所を考えましょう。
(2)二ひきの会話から考えましょう。

ハイクラス 26～27ページ

1 (1)Aウ　Bア　Cオ　Dエ　Eイ
(2)かぶと虫でおもしろいことを考え出してもらうため。
(3)いつも
(4)ウ
(5)(例)遊んでやれなくなったので「ごめんよ」という気持ちと、仕事をがんばろうという気持ち。
(6)イ

考え方

1 (2)文章中の表現《ひょうげん》を、生かして答えるのですから、「かぶと虫で」「おもしろいことを考え出して」のポイントがおさえてあれば、多少表現はちがってもかまいません。
(5)いつも遊んでやっていた小さい太郎《たろう》に対する気持ちと、一人まえのおとなになったのだからがんばろうという二つの気持ちをおさえましょう。

ここに注意

(1)前後のつながりから、はっきりわかるものを先に書いていくとよいでしょう。記号の横に言葉を小さく書きこんで文章を読んでみると、つながりぐあいがよくわかります。
(6)「もう、今日から一人まえのおとなになったでな」とおじさんに言われたことから考えましょう。「今日だけ」遊べないのではありません。

読み取りのコツ

物語の読み方

❶物語のあらすじを読み取ります。
物語にはかならず、時(いつ)、場所(どこで)、人(だれが)、できごと(何をしたか)の、四つのことが書かれています。文章を順《じゅん》に追いながら、内容《ないよう》をだいたい読み取ります。

❷主人公を中心に、人物の心の動きや、行いの様子などをくわしく読み取っていきます。

❸その物語が、読み手に何を伝《つた》えようとしているかを考えてみます。

❹文の表し方、言葉の使い方の上手なところを読み取ります。

❺その物語を読んで、どんなふうに思ったか、どんなことを感じたかなど、感想を自分の言葉でまとめます。

なかでも、場面や情景《じょうけい》は、その作品の背景《はいけい》として描《えが》かれている場合もあれば、物語の展開《てんかい》につれて表れてくる場合もあります。

◇作品全体の背景として描かれている場合
「ある晴れた静《しず》かな春の日の午後でした。ひとりの小娘《こむすめ》が山で枯《か》れ枝《えだ》を拾っていました。」

こういう場合は、作品の最初《さいしょ》にはっきりとわかる形で書かれていることが多くあります。

◇物語の展開の中で描《えが》かれている場合
「おみつさんは、しばらくそこに立って、すい付《つ》けられたようにその雪げたをながめていました。」

場面や情景は、単《たん》なる風景《ふうけい》としてではなく、読み手の心を動かす場面や様子という意味で用いられることが多いものです。したがって、心《しん》情《じょう》・場面・情景は互《たが》いに関連《かんれん》させて読み取ることが大切です。

7 細かい点に注意する

28〜29ページ

標準クラス

1 (1)①深山の谷間の夜明け
③わたしが、美しい空気を力いっぱいすいこんだ
④(荒木くんが)上流の方を指さしている・(上流の方を指さしている)荒木くん
⑤大きなくまが、のっそのっそと歩いている・(のっそのっそと歩いている)大きなくま
(2)ウ
(3)ウ

2 (1)(すがたのよい)めじかのかげ絵が、うかぶようにあらわれました。
(2)木の葉のサラサラ鳴る音が聞こえて、あとは、しいんと静まり返りました。
(3)①ア ②エ ③ウ ④オ
(4)ウ
(5)四つのともし火のような目

考え方

1 (1)指示語《しじご》の問題です。前の文から、「その」にあてはめられる言葉をさがしてみましょう。
(2)「この美しい」は「空気」にかかっているので、「空気」について説明《せつめい》しているものを選《えら》びましょう。

2 (2)静かだからこそ聞こえる小さな音、かすかな音についての記述《きじゅつ》を見つけましょう。

ここに注意

2 (3)登場人物をおさえたうえで、それぞれの気持ちを、一つ一つしっかりとつかみながら読み進めていくことが大切です。

ハイクラス

30～31ページ

1 (1)(季節《きせつ》)夏 (表現《ひょうげん》)ひるまがほんとに長い・セミの声 (2)ウ (3)エリマキ

(4)(火をおこしている)松村さんの前にいきなりキツネがとび出してきたから。

(5)イ

(6)谷川君・梶川老人・松村さん・昭代 (順《じゅん》不同)

(7)キツネはその間をコーヒーが流れるように走りぬけた。

(8)チクショ

考え方

1 (3)キツネの毛皮は、あたたかいのでエリマキ(マフラー)のように使われます。文章の中ほどに「キャッ! 二人の女の子はエリマキにいつもキツネをほしがっているくせに」とあるところからわかります。

(5)過《す》ぎさったことを現在《げんざい》のことのように書く表現を「現在形で書く」といいます。――線②の中の「つっ走る」「二本足で走る」「ちがっている」「ひらく」などがそれです。イの文に書いてあるように「読者の目の前で動いているような感じをあたえる」効果《こうか》があります。

(6)――線②の前に「五人」とあるのは、――線③「四人」に岡田《おかだ》君が入った人数です。その五人から、岡田君が先立ってキツネを追いかけていったのです。

(8)「キツネも…立ち止まり」という表現から、「五人とも…止まってしまった」のあとにくることがわかります。

ここに注意

1 (4)問題に「どうしてこんなことになったのですか。終わりに『…から。』をつけて答えなさい」とあります。このように、問いが「なぜ」や「どうして」とあるときは「…から。」という答え方をすることが大切です。

(7)比《ひ》ゆでは、「まるで」「…ように」などが使われることが多いので注意しましょう。

読み取りのコツ

必要《ひつよう》な細部《さいぶ》の読み取り方には次のようなものがあります。

❶読み取りたいことはどんなことなのかをはっきりさせ、それが文章のどこに書いてあるかを見つけます。

❷文や、文章の前後のつながりに気をつけて読みます。

❸指示語に気をつけて読みます。

指示語というのは

これ・それ・あれ・どれ

この・その・あの・どの

こちら・そちら・あちら・どちら

などです。

これらの言葉が、文章の中で何を指《し》し示しているかを正しく読み取ることが大切です。そのためには、指示語(例《たと》えば「それ」)と、指示する内容《ないよう》に当たる部分を置《お》きかえて確《たし》かめるのも一つの方法《ほうほう》です。

❹語句《ごく》の意味を正しく理解《りかい》します。

同じ語句でも、いろいろな意味に使われることが多いので、文脈《ぶんみゃく》にそって、最《もっと》も適切《てきせつ》な意味を読み取ることが大切です。

❺物語的な文章では、人物の気持ちの書き表し方に気をつけて読みます。

❻数字や年代、地名などが重要な場合もあります。

❼文章の内容からはなれないように気をつけて、正確《せいかく》に読みます。

チャレンジテスト②

32～33ページ

1 (1)イ (2)ア (3)イ (4)ウ (5)集中

(6)空は、いつのまにか、燃えるような夕やけにそまり、だれもいない教室の窓ガラスは、ウンモのようにきらきら輝いて、いまにも歌をうたいだしそうに見えました。

(7)ウ

考え方

1 (1)良平《りょうへい》の鉄棒練習《てつぼうれんしゅう》が、物語の主題です。答えの中で、そのことについて書いているのはイだけです。

(2)――線②は、実際《じっさい》の自分の影《かげ》やからだが小さくなるのではなく、心がちぢこまることを述べた表現です。

(3)後半にある「ぼくは、いくじなしじゃないんだぞ」という良平の心のさけびや、先生の言葉がよみがえったとき、「良平は、目をしっかりひらいて、鉄棒をにらみました」という記述《きじゅつ》から、良平が先生に反発していることがわかります。そういう気持ちにさせる言葉を選《えら》べばよいわけです。
(6)集中して鉄棒にいどみ、しりあがりができて、ほこらしい気持ちになっている良平の心《しん》情《じょう》を考えてみましょう。

ここに注意
1 (4)このお話は、良平の心の動きが、良平から見た風景《ふうけい》、あるいは良平が感じた感覚《かんかく》として表現《ひょうげん》されています。ですから問題の「遠くに」というのも、実さいのきょりではなく、心理的《しんりてき》なきょりのことを表しています。

物語②

8 まとまりごとに読み取る

標準クラス 34～35ページ

1 (1)①の段落《だんらく》…①②・おとうさん(のこと)
②の段落…③④⑤・おかあさん(のこと)
(2)

	からだつき	せいかく・特《とく》ちょう
ア	ふとっている	いつもにこにこ。黒いふちのめがね。はずすとやさしいかお
イ	スマート	おしゃべり

(3)買(い)物・知・会・電話
2 (1)ア①(から)②(まで)
イ③(から)⑩(まで)
ウ⑪(から)⑮(まで)
エ⑯(から終わりまで)
(2)ア四　イ二　ウ三

考え方
1 (1)意味のまとまりごとにまとめましょう。

ここに注意
1 (2)おとうさんがかけている、「黒いふちのめがね」は、からだつきではありません。
2 (1)で、四つの大きな意味のまとまりに分けたとき、それぞれに小見出しをつけたり、内容《ないよう》を短くまとめたりすることは、物語を読み取るためにとても大切な学習です。

ハイクラス 36～37ページ

1 (1)Aイ　Bウ
(2)(例《れい》)ちょっとふれただけでも、指がこおりついてしまいそうな冷たさ(「まるで、氷で作られているような冷たさ」「きいんとしみとおる冷たさ」も可《か》)
(3)・気が遠くなってしまった人
・こちんこちんにこわばって、台ざからころげ落ちた人
・かぜをひいて、一年中、鼻をぐずぐずいわせている人
・しも焼けの治らない人
2 (1)①たちました　②ふみ
③思いこんでいる(かのようでした)
④出ておりました
(2)Aすると　Bそれは　Cしかし
(3)第一段落…冬休みを利用して帰ることにしました。』
第二段落…思いこんでいるかのようでした。』
第三段落…じいさんのあとについて行ってしまいました。』
(4)じいさんが口ぶえをふくと、わたしをおきざりにして、じいさんのあとについて行ってしまいました。

考え方
1 (1)イ「けれども」ウ「それでも」は前の事がらに合わない反対の事がらが後にくることを表しています。「ライオンの像《ぞう》は冷《つめ》たい↓けれどもせなかに乗る↓気が遠くなる人もいた↓それでも、だれもかれも乗りたがった」という順《じゅん》です。
2 (1)かざり言葉(修飾語《しゅうしょくご》)の問題です。どの言葉をくわしくしているか考えます。
(4)「わたしをおきざりにして」という言葉に着目しましょう。

ここに注意
1 (2)具体的にわかりやすく書いてある部分を見つけられるようにしましょう。

読み取りのコツ
❶段落…物語でも、説明文《せつめいぶん》でも、話の場面や、説明の事がらのうつりかわる切れ目がいくつかあります。この切れ目から、切れ目までのひとまとまりを「段落」といいます。

❷段落の見分け方
◇段落のかわり目は、必《かなら》ず行をかえ、一字下げて書き始めることになっています。段落を見つけるためのいちばんよい手がかりは、この一字下げのところをさがすことです。
　このように、文章の内容でなく、書き方によって分けた段落のことを「形式段落」といいます。これはいちばん小さな段落です。

　文章を段落に分けるときには、文章の内容から考えて分けます。これを、形式段落に対して、「意味段落」とよんでいます。意味段落は、形式段落よりも大きい区切り方になるのがふつうです。
◇意味段落を見分けるには、次のようなことに、細《こま》かく注意して文章を読んでいきます。
(ア)一字下げのところは、区切りの大事な目印《めじるし》です。
(イ)(ア)でしめした形式段落ごとに、書いてある内容をしっかりつかみます。一つの事がらを、いくつかに分けて書いてある場合もありますから、そういうところは、一つの段落としてまとめていきます。
(ウ)段落と段落とのつなぎ言葉として、接続語《せつぞくご》やこそあど言葉(指示語《しじご》)が使われていることがあります。どういう接続語や、指示語が使われているかによく気をつけて、前と後の段落を分けるかどうかを考えます。
(エ)書かれている事がらや、話のすじの進み方を、図や表に書いてみると、段落の切れ目がよくわかります。
　また、一つの段落の中で、大切な働《はたら》きをしている言葉や、まとめた表現《ひょうげん》をしている文があります。そういう言葉や文を見つけます。
(オ)そのほか、話の場面、時、人物、説明してある事がらの中身などによって分けていく方法《ほうほう》も考えられます。しかし、なんといっても、くり返し文章を読んで、内容をしっかり読み取ることが大切です。

9 物語のもり上がりをつかむ

38〜39ページ

標準クラス

1 (1)ごんが、兵十に火なわじゅうでうたれたという事けん。
(2)(例《れい》)くりを持ってきてくれたごんをうってしまった、こうかい。(「ごんが死んだことの悲しさ。」でも可《か》。)
(3)Aばたり　Bばたり

2 (1)Aウ　Bア　Cア
(2)子ぎつねはあたえる食べ物はいっこう食べないのに、死にもせず、育っていきます。
(3)(げんかんの方で、)秋田犬のほえる声がしたとき。
(4)犬は昼間つながれているということ。
(5)子ぎつねのくさりを早くといてやらなかったこと。
(6)親ぎつねが食べ物をあたえているにちがいないこと。(「親ぎつねが子ぎつねをたずねて来ていること。」でも可。)
(7)犬が昼の間つながれているのを知っていて、昼間子ぎつねのもとに来ているりこうさ。

考え方

2 (5)こうかい(＝あとになって、くやむこと。)の意味をふまえて、どうすればよかったと思っているか考えましょう。
(7)正太郎《しょうたろう》は、親ぎつねが夜に来ると思って待ちかまえていたのですが、犬がつながれているのを知っていて、昼間堂々《どうどう》と子ぎつねに会いに来ていることに気づき、うらをかかれた(相手に出しぬかれた)事実に、おどろいて感心していることを読み取りましょう。

ここに注意

1 (2)くり返し読み、文章の流れの中で、気持ちを考えましょう。情景《じょうけい》が兵十の気持ちを表しています。

ハイクラス

40〜41ページ

1 (1)(講堂に)駆け込んで、息をはずませ、肩を大きく揺すって
(2)①石橋先生　②クラス全員(みんな)
(3)ゆかりちゃんの手術が成功したこと。
(4)イ

2 (1)それ
(2)②
(3)自分がけった小石が、道ばたの家のガラス(げんかんのガラス戸)をわってしまったこと。
(4)ウ
(5)ガラスをわられた
(6)②
(7)ア

考え方

1 (3) 「〈ゆかりちゃん　手術成功《しゅじゅつせいこう》おめでとう〉」という横断幕《おうだんまく》をみんなで広げたことから、先生の〇印《じるし》の合図《あいず》は、「ゆかりちゃんの手術の成功」を意味していたと考えられます。だから先生の合図を見て、クラスのみんなも歓声《かんせい》をあげたのです。

ここに注意

1 (1) 「ぬき出しなさい」や「書き出しなさい」という場合は「、」「。」はもちろん、漢字やかなづかいなども本文どおりに書きうつすことが必要《ひつよう》です。「、」や「。」がぬけているだけで減点《げんてん》されることもあるので気をつけましょう。

2 (2) [　]の中の文の「ぼくは、はっとして」に気をつけて考えます。「はっとし」たのは、①段落《だんらく》の「ガラス戸に当たって」ではなく、②段落の「ガチャンという音がした…どなる声がした」に対してです。

(7) この問題文は、起—承《しょう》—転—結《けつ》という物語の流れのうちの「起—承—転」の部分です。ぼくの心の動きにそって、物語のもり上がりを読み取っていきましょう。

読み取りのコツ

文章を書いた人が、その文章から、読み手に読み取ってほしいと思っている、中心になる内容《ないよう》のことを、物語や小説《しょうせつ》などでは、「主題」といいます。「ねらい」といったり、「文意」といったりすることもありますが、どれも同じことをいっているものです。

❶主題の表れ方

「主題」は「あらすじ(いつ、どこで、だれが、何をした)」とはちがいます。しかも、文章のおもてに出ないで、文章の中にかくれていることが多いですから、次のようなことを通して読み取っていくのがよいでしょう。

❷主題の読み取り方

① あとで感想が書けるように、しっかりと全文を読みます。

② 物語のもり上がり(おもしろさが高まるところ)や、やまば(いちばん大切なところ)を読み取ります。

　場面の変《か》わるところ、時間の変わりめ、気持ちが大きく変わっているところなどは、物語のすじの変わりめですから、段落の区切りと考えられます。

③ 人物のせいかくを、せりふや動作と結《むす》びつけて読み取っていきます。

④ その物語によって、作者はどんなことをいおうとしているかを読み取っていきましょう。

10 出来事の流れをつかむ

標準クラス　42～43ページ

1 (1)(右から)2 4 1 5 3　(2)イ
(3)図書係としての仕事をするため。
(4)イ

2 (1)男山の頂上にある石清水はちまんぐうにお参りすること
(2)エ　(3)ウ

3 (1)むかし、ごん(ぎつね)が、あたりの村で、いたずらばかりをしたお話。
(2)(畑にはいって)いもをほりちらしたり、(ひゃくしょう家のうら手につるしてある)とんがらしをむしり取って行ったりした。

考え方

2 (1) 仁和寺《にんなじ》にいたお坊《ぼう》さんは、どんなことを「残念に思い」、どうしたいと思っていたのか、考えましょう。

(3) 「ひとりがてん(独り合点)」＝自分だけが、わかったつもりでいること。

ここに注意

1 シャリオンが「どこで、何を、どうしたか」という流れをつかんでいきましょう。そうしたあとで、シャリオンの行動・心情《しんじょう》などを読み取ります。

3 物語の初《はじ》めの部分です。「起—承《しょう》—転—結《けつ》」という物語の流れでいうと「起」の部分にあたります。登場人物の人がらや性格《せいかく》をつかみましょう。

ハイクラス　44～45ページ

1 (1)犬屋へ遊びにゆく
(2)この前ちゃんと約束したのに、Bが生返事をしたから。(25字)
(3)イ
(4)(Aが)祖母のことばに不意をうたれたため

⑸・Bにとっても、犬屋へ行くことはたのしいことだと考えていたから。
・犬屋へ行けば歓待してもらえるから。
・入場料も遊戯券を買う金も不要だから。
⑹ウ
⑺細いくず芋
⑻エ

考え方

1 ⑵「けしきばむ」原因《げんいん》は、Bが「生返事」をしたことです。「生返事」とは「はっきりしない返事」のことです。「約束《やくそく》したじゃないか」と言ったAのいらだちを想像《そうぞう》してみましょう。
⑸最後《さいご》の段落《だんらく》に理由が書かれています。

⑹「にがい」には「つらい・苦しい」という意味があります。

ここに注意

1 ⑻「おこる」は、Bとの会話の場面の気持ちです。最後の「くやむ」は、「電車賃《でんしゃちん》のことには、考え及《およ》ばなかった」こうかいです。

読み取りのコツ

出来事の流れをつかむには次のことに気をつけて、読み進めるようにしましょう。

❶すじがわかる。
「いつ、どこで、だれが、どうして、どうなった、なぜか」というようにつかんでいくことです。必《かなら》ず事けんがあるので、その原因《げんいん》(もと)と結果《けっか》(終わり)をしっかりおさえることが必要《ひつよう》です。

❷主人公をつかみ、その行動と心情《しんじょう》をつかむ。
物語に出てくる主人公がだれかをつかみ、その主人公の考え、どんな行動をしているか、また主人公の気持ち(心情)はどうかを読み取ります。

❸物語の中心になるものをつかむ。
主人公の心情や行動を読み、その物語の中心をつかむことが大切です。そして、作者が読む人に何をいおうとしているかをつかむことです。題名は、よく、作者のいいたいことをあらわしているので注目する必要があります。

❹行動とか場面から、段落《だんらく》ごとにまとめる。
物語では、主人公の行動・場面で段落が分けられています。主人公の心の動きをしっかりとらえるようにしましょう。

チャレンジテスト③ 46～47ページ

1 ⑴夏のシベリア横断の準備
⑵いつも息子の岳を放りっぱなしにしているつぐないのため。
⑶すこし意外なこと
⑷ウ
⑸岳が『岳物語』を、読まずに放り投げていたこと。(23字)
⑹Aオ　Bウ　Cア　Dエ

考え方

1 ⑴これからの予定を読み取りましょう。
⑵前の「…できなかった」「放りっぱなしなのだ」とこうかいしているような表現《ひょうげん》に注目しましょう。

⑸「これは…」と前置《まえお》きをして、その内容《ないよう》をあとの会話の中で説明《せつめい》しています。

⑹それぞれ、前後の文章の内容から、どの言葉が入るか考えてみましょう。

チャレンジテスト④ 48～49ページ

1 ⑴じいの舟
⑵エ
⑶・ずうっとこの島へいること。
・舟をこいでさかなとりにいくこと。
⑷Aエ　Bイ
⑸ウ
⑹海の風があたって、すっかり茶色になったごっつい顔
⑺(例《れい》)舟がじいの島から遠くなったから。

考え方

1 ⑴本当に舟《ふね》がわらったのではなく、じいの気持ちの表れだと考えられます。
⑵問題文は「どんなことに気がすすまないのか」ということ。前文の「じいには気のどくだけど、…」に着目すると、答えは**エ**となります。

⑶――線③のあとの「じいは、……たい……たい……。」の部分からまとめましょう。

⑸じいの言葉に「友だちのとこよ。」「エビのすきなやつじゃ。」とあります。「五郎《ごろう》のとってくるエビ」をよく食べる友だちです。

⑹長年「海の風」にあたったので、「すっかり茶色」で「ごっつい」顔になったのです。

(7)二人の乗った舟が島から遠くなったので、島が「小さく」見えるようになったのです。

ここに注意

1 (7)文末《ぶんまつ》を「から」「ので」「ため」などの言葉でむすびましょう。

詩

11 情景を想像する

標準クラス 50〜51ページ

1 (1)ウ
(2)(例《れい》)①たいへん大きな様子。
②夕焼けをうつした海が一面赤く見える様子。
(3)ウ　(4)イ　(5)イ

2 (1)Aイ　Bウ
(2)ア
(3)ウ

3 (1)ア　(理由)(例)空に向かってボールを投げているから。

考え方

1 (1)どこにも「クレーン」と書いてありませんが、「鉄の手」「くわえる」「首をまわして」などの言葉から連想《れんそう》しましょう。
(2)クレーンの動きや、まわりの景色《けしき》を、それぞれの言葉に照《て》らし合わせて考えてみましょう。

2 (1)「ぶっか」とは「もののねだん」という意味です。「千円も」「何円ぶん」という言葉から考えましょう。
(2)「まつたけは／何円ぶんか、と思うと」から、ねだんの高いまつたけにとまどっている感じが伝《つた》わってきます。

ハイクラス 52〜53ページ

1 (1)ウ
(2)・わか葉(した山々)・つつじの花・麦のほ・げんげの花
(3)イ
(4)(二つ目)4・(三つ目)7
(5)ウ
(6)(例)①緑(わか葉色)　②赤　③黄緑(緑など)　④金(黄)

2 (1)5
(2)ウ
(3)①花のそば(花のあるところ)(井戸のそばの花のところ)
②花の秘密を知ろうと思ったから。(いないまに花がさいてしまうかもしれないから。)

3 (1)(ぼくの)心ぞう

考え方

1 (1)「わか葉」「つつじの花」「げんげ(=れんげ草)の花」などの言葉から考えましょう。
(2)作者の目の動きにつれて、見ているものが変《か》わっていきます。
(5)1・2・3から「のどかで、ゆったりとした楽しさ」、4・5・6から「美しい自然《しぜん》」がとらえられる、明るい感じの詩です。アは「何の音もない」「静かさ」の描写《びょうしゃ》が詩の中にないので、ちがいます。

2 (1)1行目から4行目までは、花のひらく時刻《じこく》についてのぼく(作者)の思い、5行目から12行目までは、花の秘密《ひみつ》を知ろうと思って早起きしたときの様子です。

読み取りのコツ

詩には事がらを述《の》べたもの、けしきについて述べたもの、気持ちを中心に述べたもの、などがあります。詩を読むときには、作者が何について、どのような感動をもったかを読み取ることが大切です。まず目や耳を働《はたら》かせて読んでみましょう。

朝、まぐさ畑で
草をかっている父をよびに出た。
朝つゆでいっぱいの草の中を
かけて行く。
あんなにしげっていた草が
みんなかりたおされて、
月見草の花だけがさいている。
わたしは一本おって父と帰った。

＊　＊　＊

一つ一つの言葉をゆっくり読みながら、その詩の表している様子を目にうかべるようにします。「あんなにしげっていた草が」というところで、一面にしげった夏の元気のいい草を、想像《そうぞう》します。「みんなかりたおされて、」というところでは、草がすっかりかりたおされてそのあとがひろびろと見わたされる様子を想像しながら読みます。「月見草の花だけがさいている。」と読み進むと、ぱっと開いた月見草の花がはっきり目にうかびます。

12 作者の思いを読み取る

標準クラス 54〜55ページ

1 (1)ア
(2)(かんさつをしていたら、)こおろぎが鳴き出したから。
(3)ウ

2 (1)イ
(2)イ
(3)エ
(4)2…ア 3…イ 6…オ 8…エ
14…ウ 20…カ
(5)ウ

考え方

1 (2)「シュル、シュル／えんぴつの音だけ」が聞こえるような静《しず》けさの中で、とつぜん耳にしたこおろぎの鳴き声。作者の思いを想像《そうぞう》してみましょう。

2 (1)詩の最初《さいしょ》から最後まで、「ぼく」のきんちょうがえがかれています。そこから「ぼく」の思いを表した題を考えます。

ここに注意

2 (5)「ぴくぴく」は、大きな動きを表したものではありません。

ハイクラス 56〜57ページ

1 (1)アリのアパート・イチゴの芽(順《じゅん》不同)
(2)イ
(3)おべんじょ
(4)イ
(5)ウ
(6)エ

2 (1)(一つ目)4 (二つ目)9
(2)5と6
(3)3・4(順不同)
(4)おかげ
(5)10
(6)ウ

考え方

1 (2)「庭」「おべんじょ」「どろを掘《ほ》る」という言葉から、人間ではなく動物のことを指していることがわかります。
(4)ほかの人の家に行ってトイレを借《か》りるとき、何と言うか考えてみましょう。
(6)動物(ねこ)に対して、「ひとこと／あいさつをしたら」とか、「水をかけます。／あしからず」とか言っているところにユーモアを感じます。

2 (5)10行目の「力いっぱいさすってやった」という行動に、作者の母に対する気持ちが表れています。
(6)2「前よりもずっと」3「ほそくなっていた」4「血も出ていた」というところには、母へのいたわりの気持ち、10「わたしは力いっぱいさすってやった」というところには、感謝《かんしゃ》の気持ちが表れています。

読み取りのコツ

詩は、ハッと心の中に強くつきささった作者の感動を、短い言葉でうたいあげたものです。目や耳や心を強く働《はたら》かせています。比《ひ》ゆ(…は…のようだ)も多く出てきます。

そこで、次のことに気をつけて読んでみましょう。

❶まず、読んでみて、そのリズムを覚《おぼ》えることが大切です。読んでいるうちに、作者の心がわかり、何をうたっているのかわかります。

❷次は、「どこが中心か」を考えることです。場面に分けてみたり、作者の気持ちのうつり変《か》わりを考えたりして、全体とのつながりを考えます。

❸最後《さいご》に「この詩はどういうことをうったえているか」ということを考えることが必要《ひつよう》です。作者の心持ちを表している言葉やリズムの強さなどから考えてもわかります。また、自分が作者と同じ場に立っていると、作者の感動がじかに伝《つた》わってくるものです。そういう点からよく味わってみることが大切です。

13 表現の工夫に注意する

標準クラス 58〜59ページ

1 (1)ウ (2)ア
(3)かぼちゃのつる
(4)赤子のような手

2 (1)竹
(2)①イ ②エ ③オ ④ウ ⑤ア
(3)イ (4)イ

考え方

2 (2)「打てばひびく」という言葉があるように、何かするにあたっては、「さらさらと鳴」るようにすばやく反応しよう。スポットライトをあびるように日があたれば、才能《さいのう》をはっきりして「きらきらと光れ」、雨の日(つらい事)→雪の日(とてもむずかしい状態《じょうたい》)に対応《たいおう》させて「じっと(がまんだ)」→「いっそうこらえろ」というように考えていきます。「たら」という末尾の表現《ひょうげん》の対応にも注目しましょう。

ここに注意

1 2 これらの詩では、比《ひ》ゆ(たとえ)や、くり返しなどの表現技法《ぎほう》が用いられています。

ハイクラス　60〜61ページ

1 (1)(二つ目)4(行目)　(三つ目)11(行目)
(2)ウ　(3)イ　(4)8　(5)大地
(6)ふき出すもの(と)もえ出すもの(順《じゅん》不同)
(7)ア

2 (1)カ　(2)イ
(3)こずえの雪が地面に落ちる音
(4)おおきな重いあしおと　(5)ア
(6)(例《れい》)春が近づきあたたかくなって雪がとけはじめたから。
(7)ウ　(8)イ

考え方

1 (3)5「やがて…ふき出すもの」　7「やがて…もえ出すもの」　10「ひしめいている」などというところから、春を目の前にした「冬の終わり」がとらえられます。

2 (1)「一日あかるくにぎやかな雪ふり」や「こずえの雪が」とけて「地面の雪に落ちる」ことから考えましょう。

ここに注意

2 (7)**ア** 雪とまちがえやすいですが、「あなたがたずねてきた」ということは、春がやってきたということです。

読み取りのコツ

詩にはいろいろな種類《しゅるい》があります。

❶形のきまった詩……音の数が、七音・五音などのくり返しでできている詩。

❷自由詩……音数にこだわらず、感じたことを自由に表現している詩。

〔詩の表現技法〕

詩には、その高まった感動をより効果的《こうかてき》に表現するため、いろいろな方法が用いられています。

①行分け……感動の高まりや強さ弱さなどを行分けによって表します。下のらんに余白《よはく》があると、その言葉から考えられるイメージが豊《ゆた》かになります。

②連《れん》……感動のまとまりと内容《ないよう》のまとまりによって何行かにまとめます。

③比《ひ》ゆ……あるものをほかのものにたとえるとき「……のようだ」という言葉を使います。(直ゆ)

また、そのような言葉を使わずに、たとえだけをあげて、ほんとうの作者の気持ちを読む人におしはからせるものもあります。(暗ゆ・隠《いん》ゆ)

④くり返し法……感動を強く表現したりリズムをつけたりするため、同じ言葉を重ねたり、同じ意味のちがった言葉をくり返したりする方法です。

⑤倒置《とうち》……言葉の順序《じゅんじょ》を逆《ぎゃく》にして感動を強めます。

⑥省略《しょうりゃく》……言葉を省《はぶ》いて余情《よじょう》や想像の余地を出します。

⑦対句《ついく》……調子のよく似《に》た句をならべて、そのおもしろさを出します。

⑧よびかけ法……今、目の前に見えないが、まるで見えるようによびかけます。親しみの心がこもる方法です。

⑨擬人法《ぎじんほう》……人間以外《いがい》のものを人間のようにあつかう方法です。

チャレンジテスト⑤　62〜63ページ

1 (1)(例《れい》)かなしい気持ち(さみしい気持ち)
(2)イ　(3)ウ　(4)ア　(5)イ

2 (1)ウ
(2)イ
(3)ウ　(4)作者が麦畑の中を　(5)ア

3 (1)ア
(2)算数の時間、けしごむが落ち、それを拾おうとして、つくえの下からいろんな足を見ておどろいたとき。

考え方

2 (1)「通れなくなってしまう」「風がやんだら、」

急いで行こう」と、まだ麦畑の中にはいないことに着目しましょう。
(2)レールは、どこまでも平行にのびていっているものですから、**イ**「ならんでいる」、**ウ**「レールのような道」のどちらかですが、「右に左にまがって」とあるので、道のまわりに続いているわけではないことがわかります。
3 (2)「いつ・どこで・何を・どうしたか」をきちんとまとめましょう。

説明文①

14 目的に応じて読み取る

標準クラス

64～65ページ

1 (1)①イ　②(問いかけ)飛行機雲とは、いったいなんでしょう。
(答え)それは、飛行機が空を飛んだために新しくできた雲なのです。
(2)ウ
(3)①飛行機雲は飛行機が空にうかんでいる雲をひっぱったものではない。
②飛行機の出したガスの中の細かいつぶに、空の水じょう気がしみついてできた水玉。

2 (1)Aイ　Bエ　Cウ
(2)ア・イ・エ(順《じゅん》不同)
(3)①(根)ふつうよりも広がっていたり、長くのびたりしている。
(理由)地中の水分をよくすい上げるため。
②(葉)あつくて、表につやがある。
(理由)水分のじょうはつをふせいだり、光をはんしゃしたりするため。

3 (1)イ

考え方
2 (3)図表にして、何についてどう書いてあるのかを整理してみましょう。
3 (1)□のあとに「すると」とあり、かいめんと区別《くべつ》がつかないことが書いてあるので、□にも「かいめん」という言葉が入るはずです。

ここに注意
1 (1)②文章のねらいを読み取り、問いと答えに分けて考えます。

ハイクラス

66～67ページ

1 (1)ウ
(2)イ
(3)イ
(4)エ
(5)ア

2 (1)卵のときにはわれにくく、ひながかえるときにはわれやすい性質。
(2)Aイ　Bカ　Cウ　Dオ

考え方
1 (1)山の中に、まんまんと(いっぱい)水をたたえた湖が見えるのですから、ここでは、「目立つ様子」です。
(2)「へばりつく」は「落ちまいとして一生けんめいくっついている様子」のことです。ここでは、その土地をはなれようとしないで、必死《ひっし》に生活している様子を表します。
(5)ダムができたために、山の人たちは長い間住みなれた村をはなれていき、その村は湖の底《そこ》にしずんだのです。
2 (2)Aは卵はもともと人間のためにうむのではありません。当然《とうぜん》鳥にとってつごうのよいようにできているはずです。B・Cは(1)の「両方の性質」をしっかり読み取ると、答えがわかります。Dは先のとがった「くちばし」でこつこつ、つつくのですから、力は一か所に集まります。

読み取りのコツ
説明文《せつめいぶん》は、読み手にわからせるための文章ですから、次のような特《とく》ちょうがあります。
・話題がはっきりしている。(文題や文章の初《はじ》めに示《しめ》されていることが多い。)
・文章のすじがはっきりしている。(前おき・本文・まとめ)
・説明のための事例《じれい》や事実と、筆者の意見の部分に分けることができる。
また、説明文の読み方は、次のような手順《てじゅん》で行います。
❶話題をつかむ……何について述《の》べようとしているかを正しくつかみます。
❷文章全体を次のように大きく分け、だいたいの内容《ないよう》をつかみます。
前おき →問題を示す
本文 →くわしい説明
まとめ →説明のまとめ

❸小さな段落《だんらく》に分け、段落の要点《ようてん》を読み取ります（「この」・「その」などのこそあど言葉に注意する）。語句《ごく》の意味なども調べます。
❹段落と段落の関係《かんけい》を確《たし》かめます（事実と意見、原因《げんいん》と結果《けっか》など）。表や文図に書き表すとわかりやすくなります。
❺まとめの部分を正しく読み取ります。
❻段落の要点をつないで、文章全体の要旨《ようし》をとらえます。
❼よく読み返し、読み取り方にまちがいがなかったかどうかを確かめます。

どんな文章でも、正しく理解《りかい》しなければなりませんが、特に説明的な文章では、目的《もくてき》に応《おう》じて正確《せいかく》に読み取ることが大切です。

すなわち、大事なところを読み取るためには、大事な事がらとそうでない事がらとを、読み分けることが大切になります。そのためには、読む目的がはっきりしていなくてはなりません。読む目的にあてはめて、何が大事で何が大事でないかを考えます。この大事なところは、その文章を読む目的がちがうと、また、変《か》わってきます。

15 内容の中心をとらえる

標準クラス 68〜69ページ

1 (1)…ぬれていなければいけないのです。』 (2)イ (3)ウ

2 (1)Aイ Bエ
(2)生物（には、たてる）音（をもとに）名まえがついた・名まえがつけられた（ものもいる。）
(3)イ
(例《れい》)すいっちょ（という虫）・かっこう鳥

3 (1)十九才 (2)イ
(3)数学者 (4)ウ

考え方

1 (1)この文章は「においを感じるところは、ぬれていなければいけない」という事実と、その理由の二つのまとまりでできています。

2 (2)「まとめ」と「例」に分けて、何についての文章かを考えましょう。

ここに注意

3 (4)ファーブルは、タンドン先生との「出会い」があったからこそ、「一生をこん虫の研究にささげようと、決心した」のです。

ハイクラス 70〜71ページ

1 (1)イ
(2)イ
(3)Ⓐ（あかん湖の一メートルから四メートルぐらいの深さの所にしずんでいる）美しい緑色の玉。
Ⓑ（川の流れと南西の風とで）ぐるぐるとまわりながら流れる湖の水。
(4)イ

2 (1)ア④ イ⑥ ウ① エ② オ⑦ カ③ キ⑤
(2)イ
(3)料金を先ばらいするので、事業としてなりたつから。

考え方

1 (1)この文章は、①まりもの紹介《しょうかい》 ②まりもの大きさ・名前の由来《ゆらい》（ものごとの通ってきた道すじ） ③まりもがまるくなるわけが書かれています。この内容の中で、中心となるのは③です。
(3)「これ」「その」のかわりにあてはまる言葉をさがしましょう。

2 こそあど言葉（指示語《しじご》）に注意してまとめ、要点をとらえるようにしましょう。

読み取りのコツ

自分の見たことや聞いたこと、また調べたことなどを人にわかってもらうために、そのまま書いた文を「説明文《せつめいぶん》」といいます。ある事がらをそのまま書いているのですから「何か」について説明している文章なのです。説明文を読み取る場合、だれに、何のために説明しているかを読み取ることが大切です。また、説明文には、何について説明するかという問いと、それに対する答えとがあります。
❶どんな順序《じゅんじょ》で説明しているか、その順序をたどって読むようにします。
❷説明する事がらの中心が、どこに書いてあるかを見つけます。まとめとそれについての例などを見つけることも必要です。
❸「これ・それ・あれ・どれ」という、指示語によって文と文の関係を見ます。また、「まず」「したがって」「たとえば」という「つなぎ言

葉」によって文章の大事さを考えます。
❹この文章を書いた人が、この文章で何を説明したかったかをつかむためには、表にしたり、図にしたりするとよくわかります。また、「事実」と、それに対する書いた人の「思ったこと」「考えたこと」をつかむとよくわかります。

16 比べながら考える

標準クラス 72～73ページ

1 (1)イ (2)イ
(3)ニワのうえ木が元気づいてきたから
(4)ア
(5)①庭 ②悪 ③受(け)入(れる)

2 (1)ウ
(2)・それぞれの地方に通用していることば
・その地方の人だけがわかることば
(3)どの地方の人が聞いてもわかる共通なことば
(4)(よい点)いちばん使いやすく、同じ地方の人となら自然に気持ちが通じ合える点。
(わるい点)外の地方の人と話すとき、話が通じないことがある点。

3 (1)Aめす Bおす
(2)一段と明るく光を明滅させる。

考え方
1 (2)「おもしろい」には「①おかしい。楽しい。②心をひかれる。きょうみがある。③のぞましいじょうたいである。④おもむきがある。」などの意味があります。アとウは①の意味で、イは②の意味と考えられます。
(4)中心になっている事がらは何か。それをどのような例《れい》をあげて説明《せつめい》しているか。これらを比《くら》べながら読み取っていきましょう。
2 (1)「このように」の部分から、それぞれの地方に通用《つうよう》している言葉、つまり、方言の例が書かれていると考えられます。
3 (1)ゲンジボタルのおすとめすの、光り方や光の強さのちがいを正しく読み取ります。めすに比べておすのほうが強く光り、またその光をつけたり、消したりするのです。
(2)二番目の段落《だんらく》の内容《ないよう》を正しく読み取ります。

ハイクラス 74～75ページ

1 (1)Ⅰエ Ⅱイ
(2)B
(3)日常のことばの枠を越える
(4)②ウ ③イ (5)イ

2 (1)1イ 2エ 3ア 4ウ
(2)①エ ②イ ③ア

考え方
1 (1)〔Ⅰ〕は、そのあとの「日常的《にちじょうてき》な生活に関《かん》する限《かぎ》りは、…一致《いっち》している」の部分からエであることがわかります。〔Ⅱ〕は「その経験《けいけん》の範囲《はんい》であらわせるだけのことばの能力《のうりょく》がまだ十分発達《はったつ》していない」ことからイと考えられます。
(3)「枠《わく》を破《やぶ》って広がっていく」と同じ傾向《けいこう》について述《の》べているところを見つけましょう。

ここに注意
1 (2)A～Dのどこに「その一方では…連続《れんぞく》です」を入れるかという問題です。□の前後に十分注意し、その文を入れたとき、文脈《ぶんみゃく》がうまく続《つづ》くかをたしかめましょう。
2 (1)Aは、機械《きかい》と人間のちがいを述べたものです。ア～エの各文《かくぶん》の最初《さいしょ》の言葉に気をつけましょう。

読み取りのコツ
説明文では、段落がはっきりしているので、「理由を述べている段落」「具体例《ぐたいれい》を述べている段落」「まとめの段落」というように、段落ごとに分けてみます。そして、筆者が自分の考えや、ねらいをまとめて述べている段落を見つけます。この段落が「何は…何だ」の「何だ」にあたるところです。また、「具体例を述べている段落」では、論理的思考《ろんりてきしこう》が働《はたら》きやすい「比《ひ》かく」という方法《ほうほう》をとることが多く、二つ以上《いじょう》の例をあげて比べて説明していきます。
説明文には、次のような基本《きほん》の型《かた》があるので、それを知っていると、筆者の考えや、ねらいを読み取るのにたいへん参考《さんこう》になります。

序論《じょろん》(前おき)―説明しようとする事がらなどを「問題」のような形で書く。
↓
本論(説　明)―前おきの答えにあたることを書く。(事実・例・理由など)
↓
結論《けつろん》(まとめ)―筆者の考えをまとめて書く。

(尾括式《びかつしき》)

これが、説明文の最《もっと》も基本的な形ですが、先に結論を述べる「頭括式《とうかつしき》」の形で書かれることも少なくありません。

チャレンジテスト⑥

76～77ページ

1
(1)雨水
(2)Aエ　Bイ　Cウ
(3)空にはいろいろなものが飛んでいてそれが雨の中にとけこんで落ちてくること(35字)
(4)ア安全　イ火山灰　ウ工業的　エ雨水(天水)

2
(1)イ　(2)ア　(3)ウ　(4)イ

考え方
1 (1)「天水《てんすい》」は天から降《ふ》ってくる水のこと、つまり「雨水《うすい》」(あまみず)のことです。
(3)「こういったこと」の前の二文を読んで、三十五字以内でまとめましょう。
(4)全文の要点《ようてん》をおさえてまとめると、(4)の文章のようになります。それぞれ、漢字で書かれた大事な言葉を見つけて答えましょう。

ここに注意
1 (3)この文章の内容《ないよう》の中心はどういうことか、ということから考えるとよいでしょう。

17 説明文② 段落の関係を考える

78～79ページ

標準クラス

1
(1)…おもに物の形をもとにしてつけられた名まえです。』
(2)①名まえには、物の形をもとにしてつけられたものがある。
②名まえには、物の色によってつけられたものがある。
(3)エ

2
(1)…天文台のたてものでされているのです。』
(2)①ア　②エ

3
(1)(例《れい》)アゲハチョウがどんなところをとぶのかについて。(アゲハチョウのとぶチョウ道について。)
(2)ウ→ア→イ→オ→カ→エ

考え方
1 (1)書かれている文章中の言葉を参考《さんこう》にするとよくわかります。まとめの言葉にも注意しましょう。
(3)①と②の段落《だんらく》の関係を考えると、「へい列」になっていることがわかります。
2 (1)まとめの言葉や、どんなことが説明してあるかで考えましょう。
3 (2)それぞれの文の、初《はじ》めの言葉に着目しましょう。アは「けれども」ではじまっていることから、前の文にはアと反対の内容をのべているウが入ることがわかります。また、オの「しかも」は、付《つ》け足して述《の》べるときに使う言葉なので、イの「木が好《す》きなのです。」のあとで、「日光に明るくかがやいている木の葉」というように、アゲハチョウが好きな木について、くわしく述べていることがわかります。

ハイクラス

80～81ページ

1
①…「だいじょうぶかねえ。」といっている。』
②…やっぱり、少し心配だ。』
③…ぱらぱらとふりこむしごとだ。』
④…足でねんどざいくをしているように、おもしろい。』
⑤…くすっとわらって、首をちぢめた。』

2
(1)④　(2)イ　(3)イ　(4)イ

考え方
2 (1)①から③までは、秋田県《あきたけん》の「かまくら」という行事について書いてあります。④は、地方に生きつづけてきた文化というものについて、筆者の考えが述べられています。

ここに注意
2 (4)説明文《せつめいぶん》や解説文《かいせつぶん》などでは、最後《さいご》の段落を注意して読むことが大切です。

読み取りのコツ

いくつかの文が集まって、一つの意味のまとまりを作っている場合、そのひとまとまりを段落といいます。段落には、次の二とおりがあります。

❶形式段落……文章を書くときには、ひとまとまりごとに行を変《か》えます。この、行が変わるまでのひとまとまりが一段落です。

行を変えるときには、一字下げて書くことになっているので、すぐわかります。これを「形式段落」といいます。

❷意味段落……ふつう、文章をいくつかの段落に区切るというのは、内容《ないよう》のまとまりによって区切ることをいいます。このように内容のまとまりから分けた段落を「意味段落」といいます。意味段落は、いくつかの形式段落が集まって作られていることが多いです。

段落の見分け方では文章の展開《てんかい》の様子を図に表してみるのもよいでしょう。

段落の区切りには、次のような「接続語《せつぞくご》（つなぎ言葉）」が用いられることが多いので注意しましょう。

《接続語》

順《じゅん》接《せつ》	逆《ぎゃく》接《せつ》
だから・それで・すると・そうすると・では・それでは・そして・ですから・それから・そこで	けれども・でも・しかし・だけど・それでも・だが・だのに・ところが・ところで・それにしても

そして、次のようなことを調べて文章を読み取っていきましょう。

①中心の文を見つける…段落の中で、大切な働《はたら》きをしている言葉（何度も出ている言葉など）や、まとめたいい方をしている文に気をつけて、段落の中心となる文を見つけます。

②文章全体の組み立てを調べる…そのために、

(ア)段落どうしの関係…その段落と、前後の段落との関係や、すじの発展、つながりぐあいなどを調べましょう。

(イ)それぞれの段落の働き…それぞれの段落が、文章全体からみてどのような働きをしているかを考えましょう。

たとえば、
・前の段落のくわしい説明をしている。
・前の段落のまとめをしている。
など

(ウ)説明文などでは、前おき・本文・まとめのような形にまとめて、その文章の結論《けつろん》を書いてみましょう。

18 筆者の考えをまとめる

82～83ページ

標準クラス

❶(1)(順《じゅん》に)クモ・とらえて(たべて) (2)(順に)天敵・農薬 (3)生きた農薬

❷(1)(順に)砂漠・緑 (2)多量の水 (3)イ (4)(順に)砂漠・生命・砂漠の自然・計画的

考え方

❶(1)農薬をつかいだしてから、ヨコバイやウンカがふえたのはなぜか考えましょう。(2)――線②と同じ文にある「これでわかりました」の「これ」が、指している内容《ないよう》を考えましょう。(3)文章の最後《さいご》の部分で、クモに対する筆者の考えが述《の》べられています。

❷(1)最初の段落《だんらく》と二番目の段落の中から、重要《じゅうよう》な言葉をさがします。(2)三番目の段落の初めの部分に、問題のかい決のために必要なものが書いてあります。(3)段落と段落のつながりから考えます。三番目の段落には砂漠で水を得る方法が、四番目の段落には、その方法に関する問題点が、それぞれ書いてあります。五番目の段落は、前の段落の内容を受けて、別の面からの問題点を述べています。したがって「また」が当てはまります。(4)最後の段落に、筆者の考えが書かれています。その内容をまとめましょう。

ハイクラス

84～85ページ

❶(1)ウ (2)山火事

❷(1)…「さそり座」である。』 (2)(第一段落)イ (第二段落)エ

❸(1)(順に)エサ・使って (2)(順に)おこづかい・次のおこづかい日・どう使っていくかを考える (3)(例《れい》)おこづかいは、ついむだなことに使ってしまうことが多いので、計画的に使うようにしたい。

考え方

2 (2)実際《じっさい》のさそり座の様子と、その名前の由来《ゆらい》(=その名前がどのように決められたかの道すじ)について書かれています。「この星座は」というような指示語《しじご》(こそあど言葉)に着目して考えましょう。

3 (1)筆者は、ネコのエサを例にあげて、おこづかいの有こうな使い方について説明《せつめい》しています。(2)「これを『やりくり』と言います」の「これ」が指している内容を考えましょう。(3)この文章を読んで、自分が「おこづかいの『やりくり』」について考えたことを、短い文にまとめて書きましょう。

読み取りのコツ

説明文というのは、ある事がらや、物事について説明した文章のことですので、読み方として最《もっと》も大切なことは、筆者が何のことを、どう書いているかを正しく読み取ることです。それには、次のような方法《ほうほう》で調べていくとよいでしょう。

❶文題について調べる。

説明文の文題には、文章のなかみを最も短くしたようなつけ方が多いので、まず、文題に目をつければ、何について説明しているか、すぐに見当をつけることができます。

❷段落の要点《ようてん》をまとめる。

説明文では段落がわりあいはっきりしていますから、要点をまとめて、「初《はじ》めに——次に——それから——最後に」というように、説明の内容を読み取っていきます。また、それを整理して、自分の考えをまとめていくことも大切です。

チャレンジテスト⑦ 86〜87ページ

1 (1)㋐橋はどのようにして生まれたか—①
㋑けた橋の始まり—②—③
㋒つり橋の始まり—④—⑤
㋓アーチ橋の始まり—⑥—⑦
㋔人間は三種類の橋をかけた—⑧
(2)ウ　(3)けた橋・つり橋・アーチ橋(順《じゅん》不同)
(4)(わたしたちの生活の上で、たいせつな役目をもっている)橋は、どのようにして生まれてきたか(について)。

2 (1)(第一段落《だんらく》)…さすがに隣に住む民族の言語だと感じさせる。』
(第二段落)…世界に例がない。』
(2)日本語の特質
(3)日本以外の国の言語とくらべること。
(4)世界に例がない・類がない
(5)ウ・エ(順不同)

考え方

1 (4)例《れい》とまとめに分けて、考えましょう。

2 (1)第一段落は「日本語だけがもっている性質《せいしつ》は少ないのではないか」という問題提示《ていじ》です。しかし、読み進めていくと、「世界唯一《ゆいいつ》のはずである」という説明《せつめい》が出てきます。つまり、「しかし」からが「全然《ぜんぜん》ないとは言い切れない」表記の事例《じれい》を述《の》べている第二段落です。言語の使い方から見た性質を述べている「表記法から…」が第三段落です。

チャレンジテスト⑧ 88〜89ページ

1 (1)(順《じゅん》に)底・深い　(2)(第)2(段落《だんらく》)
(3)地球をたま〜という考え
(4)イ・オ(順不同)
(5)イ→エ→ア→ウ(→オ)　(6)イ
(7)(大きい島や小さい島が、)プレートの上にのせられてはこばれ、つぎつぎにくっついてできた。

考え方

1 (2)「日本になぜ大地震《だいじしん》がおきるか」と「そもそも日本列島がどうしてできたか」が、この文章で筆者が説明《せつめい》したい主題です。
(4)**エ**はプレートは白身(マントル)を動かしているのではなく、それにのって動いているので、ちがいます。
(5)5にあるように、おしまけたプレートは、地球のなかにしずんでいきます。5をさらにくわしく説明したのが6なので、両方を見くらべて順番《じゅんばん》をおさえていきましょう。
(6)2で主題が二つしめされ、3 4では「プレート・テクトニクスとは何か」、5 6では一つ目の主題、7では二つ目の主題の答えが書かれています。

ここに注意

1 (7)「大きい島や小さい島が、」という言葉に続《つづ》くように書きましょう。また、それらは「プレートの上にのせられてはこばれてきた」ということも忘《わす》れないように。

いろいろな文章 ①

19 きゃく本

標準クラス

90~91ページ

1 (1)ア・イ・エ
(2)①よしお ②よしお ③たもつ ④よしお
(3)(いつ)朝(一時間めのじゅ業が始まる前)
(どこ)教室
(4)イ (5)ト書き

2 (1)①ひろし ②ひろし ③しげる
④しげる ⑤ひろし ⑥あや子
⑦しげる ⑧とし子 ⑨みよ子 ⑩ひろし
(2)ア上手 イ下手 ウまく
(3)ウ

ここに注意

1(5)「ト書《とが》き」は実さいのきゃく本では、小さく書かれます。

2(2)そのほかに、せりふや動作がとぎれる「間《ま》」や、一つの「幕《まく》」の中で場面を変《か》える「場《ば》」などがあります。

ハイクラス

92~93ページ

1 (1)二(人) (2)雪ぐつ (3)左
(4)雪がこおって氷の一まい板みたいになったこと。
(5)(例《れい》)雪の野原がきらきら光って、鏡にかこまれたような世界で、声をはんしゃさせてみたくなった。・まわりの世界がきらきらと美しいので、うれしくなった。
(6)ウ

2 (1)①イ ②ウ ③エ ④ア
(2)六(人) (3)ア
(4)悪太郎のつけていたのはてんぐの面ではなく、おたふくの面だったから。

考え方

1 (1)四郎《しろう》とかん子の二人です。
(2)雪ぐつは、雪の多い地方ではく、わらでつくったくつです。
(3)舞台《ぶたい》に向かって右が上手《かみて》、左が下手《しもて》です。
(5)「きらきら光って、まるで鏡《かがみ》のようね。」「お日さまは照《て》ってるし」というかん子のせりふから考えましょう。
(6)四郎の「森に向かってさけぼうか」と、かん子の「ええ、いっしょにね。」からわかります。

2 (1)②は、①でおどかしたのに、二人がこわがらないので、いっそうおおげさにおどかそうとするのです。
(2)「一同」は「みんな」のことです。悪太郎《あくたろう》のことを笑《わら》うのは、姉、弟、草むらにかくれていた四人であわせて六人です。
(3)おたふくの面をつけた悪太郎が、「わしは、羽黒山《はぐろやま》のてんぐ様だぞ」と言っているので、何のことかわからないでいます。一人を相手にしているので、エの「変《へん》な子どもたちね」ではありません。

読み取りのコツ

げきの文章は、ふつう、「せりふ」と「ト書き」からできています。げきの文章では、これに気をつけ、この二つを結《むす》びつけて読み取ることが大切です。

❶きゃく本の読み方
よく読んで次のようなことを頭に入れましょう。
㋐時……いつごろの話か。
㋑所……どんな所でのできごとか。
㋒登場人物

❷登場人物を読む
これは、きゃく本の初《はじ》めにまとめてのせられています。どんなものが登場するか、中心人物はだれか、登場人物の関係《かんけい》はどうなっているかに気をつけて読むようにします。

❸せりふを読む
登場人物の会話を「せりふ」といいます。きゃく本では、このせりふで「すじ」が運ばれます。また、せりふでその人物の性格《せいかく》もわかります。せりふのやりとりに気をつけてすじを読み取り、そのせりふがどんな場面で、どんな気持ちでやりとりされたかも考えるようにします。

❹ト書きを読む
場面や登場人物の動作・顔つきなどについて説明《せつめい》したものを「ト書き」といいます。ふつうは、本文よりも小さい字で書かれています。場面や登場人物のせりふや動きと結びつけて読むようにします。

20 日記・手紙

標準クラス 94〜95ページ

1 (1)多美(から)おとうちゃん(へ)
(2)ウ (3)ウ (4)ア (5)ウ

2 ①○ ②× ③× ④○

3 (1)Aオ Bア Cイ Dエ
(2)ア・ウ(順《じゅん》不同)
(3)(一つ目)かぜをひいて起きるのがつらかった。
(二つ目)サッカーをした。
(三つ目)学校の児童会のせんきょがあった。
(四つ目)日本の国のせんきょが二十七日にある。

考え方

1 (4)病気見まい、様子を知らせる、見学した先へのお礼、おまねきをする、注文するなど、目的《もくてき》によって、いろいろな種類《しゅるい》の手紙があります。

3 (3)一つの段落《だんらく》ごとに、中心となる事がらを見つけましょう。

ハイクラス 96〜97ページ

1 (1)エ
(2)茶色のかたつむり…四ひき
黒いかたつむり…四ひき
(3)からだとから
(4)①(順《じゅん》に)えさ・黒い ②緑色
③(順に)二ミリメートル・こげ茶色

2 (1)①動物園 ②新 ③打 ④読書 ⑤教
(2)Ⓐげんき Ⓑお Ⓒべんきょう Ⓓだいじ
Ⓔきゅうこう
(3)岡田晴夫(先生)(から)治夫(君)(へ)
(4)(前文)四年生ですね。』
(本文)いつも青々と光っています。』
(末文)見せてあげてください。』

考え方

1 (3)「どこが」とあるので「(黒い)ふん」は入れません。

ここに注意

2 (4)・前文…書き出しのあいさつ(相手の様子をたずねる。自分のことも短《みじか》くしょうかいする。)・本文…中心になる事がら(伝《つた》えたいことを書く。)・末文…まとめの言葉(相手の健康《けんこう》を願《ねが》う。今後もよろしく願う。)・後づけ(日づけ。自分の名前。相手の名前)という、手紙の形式をしっかり覚《おぼ》えておきましょう。

読み取りのコツ

❶日記には、自分のために書くものと、みんなのために書くものとがあります。ふつうの生活日記は、自分のためのもの、学習日記・週番日記などはみんなのためのものです。また、書く事がらのちがいで、観察《かんさつ》日記など、いろいろなものがあります。

①日記にはふつう「日づけ」「曜日」「天候《てんこう》」が書いてあります。

②その日のできごとと反省《はんせい》の言葉が書いてあります。

日記を読むときには、これらのことに気をつけ、「書いてある事がら」と、それについて「思ったこと」を読み分けることが大切です。

❷手紙は、ある人からある人へ、何事かについて知らせるためのものです。だから、相手によくわかるように、そして、心のこもった文章にして、目的《もくてき》や事がらがよく伝わるようにすることが大切です。

手紙には、書き方のきまりとして、前文・本文・末文《まつぶん》と、書く事がらの順序《じゅんじょ》があります。

前文は、その季節《きせつ》に合った言葉や相手・自分の様子《ようす》について、本文は、手紙の中心になるところで、用事や事がらが書かれています。末文は、別《わか》れのあいさつなどのしめくくりです。

「だれが」「だれに」「何のために」書いたかに気をつけて読みましょう。

21 ずい筆・紀行文

標準クラス 98〜99ページ

1 (1)Aエ Bウ Cオ Dエ Eイ

2 (1)二(日間)
(2)(例《れい》)①札幌(札幌市内) ②北海道大学
③美幌(美幌駅・美幌とうげ)
(3)(例)札幌の中心の大通り
(4)(例)(草原)緑のじゅうたんをしきつめたよう。
(平野)ゆるやかに波打ちながら、オホーツクの海にせまっている。

考え方

1 (1)A「耳をすましてごらん」や「そっと」などから考えます。B親鳥が卵《たまご》をだいて、温《あたた》めている様子を思いうかべてみます。C卵の中からひなが殻《から》をつついている、聞こえるか、聞こえないかのとても小さな音のことです。D十羽《じっぱ》ほどのかわいいひなが鳴き声をあげているのだから、「にぎやか」です。E「私《わたくし》」が、だれに言うともなしに言ったのです。

ここに注意

1 (1)A・Eにある「つぶやく」は小声でひとり言を言うこと、「ささやく」は小声で相手に話すことです。

2 (1)「札幌《さっぽろ》で一ぱくして」に気をつけます。
(2)①～③の□に入るように短くまとめて書きましょう。

ハイクラス

100～101ページ

1 (1)夏(の初めごろ。)
(ふき出したばかりの)うすい若葉があふれんばかりである。
(2)絵はがき (3)ウ
(4)日光山の入り口の両わきに立つ、大きな守り神

2 (1)エ (2)たらず(じゃく) (3)イ (4)エ
(5)まえぶれ (6)つゆ

考え方

2 (1)季節《きせつ》を表す言葉は「小春日和《こはるびより》」です。小春日和というのは、十一月ごろの、のどかであたたかい、よく晴れた日のことです。こよみの上では「冬」です。(3)「小春日和」を曲にたとえているのです。このあとには鉛色《なまりいろ》の暗い空がもどってきます。

ここに注意

1 (1)雪の残《のこ》った白根山《しらねさん》や男体山《なんたいさん》など、春の初《はじ》めかと思わせますが、ハイウェイの両側《りょうがわ》の若葉《わかば》の様子から、夏の初めであることが読み取れます。また、「うしろの方を見ると…緑の谷間」とあり、低い所が緑の景色《けしき》になっていることからもわかります。(3)□のあとの文章の内容《ないよう》から考えましょう。(4)「圧倒《あっとう》される」ことを筆者は、「のしかかってくるようだった」と表現《ひょうげん》しているところに着目しましょう。

2 (4)次の「南から風がのぼってきているのである」に注目しましょう。(5)「前兆《ぜんちょう》」は、その前にあらわれる様子のことです。(6)日本では六月から七月にかけて雨がふりつづく季節を指す言葉です。(5)(6)とも本文中には、この言葉は使われていません。

読み取りのコツ

「ずい筆」とは、形式にとらわれず気のむくまま、筆のむくままに、見たり聞いたりしたことや体験《たいけん》したことを、意見や感想をおりまぜながら書き記《しる》したものです。

筆にまかせて書くうちに、筆者のするどい感受《かんじゅ》性《せい》が表れ、その感覚《かんかく》や考え方が知らず知らずのうちに写し出されてきます。

◎ずい筆の読み方
(1)筆者の、文章を書くきっかけになったできごとやあるいは経験《けいけん》したことを読み取りましょう。
(2)事実の部分と感想の部分を判別《はんべつ》して読み取り、筆者がどんな事実を見聞したのか、また、それについて、どんな感想をもったのかをとらえましょう。
(3)感想の部分をつかむためには、文末《ぶんまつ》表現に気をつけて読みましょう。
例 …のような気持ちがした。
…であっただろうか。
…が言いたかったからである。
(4)筆者の言いたいこと(主題)を考えましょう。
(5)筆者の考え方について、読み手としての自分はどう思うかをまとめましょう。

「紀行文」とは、旅行したときに見聞きしたことや体験したことを、感想をおりこみながら書き記した文章をいいます。
とくに強い印象《いんしょう》を受けた、風景《ふうけい》、風俗《ふうぞく》、習慣《しゅうかん》、言い伝《つた》えなどについて、その人なりの表現をしたものです。

◎紀行文の読み方
(1)筆者の旅行した道筋《みちすじ》をたどりながら、順序《じゅんじょ》よく読みましょう。
そこに付《ふ》されている地図などがあれば、それを参照《さんしょう》しながら本文を読みます。
(2)どこで何を見たり、聞いたりしているのか、情《じょう》景《けい》を想像《そうぞう》しながら読みましょう。

(3)自分が旅行したことがあれば、そのときの体験を思い起こしながら情景を読み取りましょう。
(4)筆者は、見聞きしたことについて、どんなことを考えたり、感じたりしているかを読み取りましょう。
(5)旅行している筆者が、初《はじ》めて体験して知ったおどろきや学び取ったことは何だろうかと考えましょう。
(6)その地方の特色《とくしょく》を知り、わかったことをまとめましょう。

チャレンジテスト⑨ 102～103ページ

1 (1)イ
(2)(1)・5・2・(4)・3
(3)①旅の男 ②わか者1

2 (1)①お元気 ②思い出されます
③申した ④ようす
⑤おっしゃっていました(言われていました)

3 (1)エ (2)イ
(3)新しい電話番号

考え方
3(2)手紙の内容《ないよう》は、列車のとう着時刻《じこく》の確認《かくにん》と、だれが、どこでお迎《むか》えするかを知らせています。
(3)電話番号が変《か》わったのなら、それを書いておかないと、万一の場合、連絡《れんらく》できません。

ここに注意
2(1)自分の身内(親、兄弟など)のことを言う場合、へりくだったいい方(けんじょう語)で書くのがふつうです。

いろいろな文章② 22 観察・記録文

標準クラス 104～105ページ

1 (1)セミのよう虫(のからだ)
(2)・大きく曲がった前足をゆっくり動かしている様子。
・からだ全体が茶色で、やわらか様子。
・目、しょっ角、口がくだになっている様子。
・足が六本そろっている様子。
・はらには、よこにしまのようなもようがある様子。
・はねは小さく耳のような形をしている様子。

2 (1)ア
(2)(例《れい》)かっこうは、もずの親鳥がるすのとき、もずのすのたまごの間に、じぶんのたまごを産みおとすこと。

3 (1)イ (2)ア (3)二(回)
(4)いちばん前の足と……大きさは四センチ七ミリでした。

4 (1)国際空港
(2)日本をはじめ、世界の国々の航空会社約二十社の飛行機が発着する空港だから。
(3)日本の「空の表げんかん」

考え方
2(2)見学記録文《きろくぶん》ですから、見学先で学んだことが最《もっと》も書きたかったことです。「研究所の人の話によると」に着目し、あとの内容《ないよう》をまとめます。

ハイクラス 106～107ページ

1 (1)水がれい度になったらすぐこおるのか、どんなにしてこおるのかわからないから。
(2)①・③・④
(3)ちがっていた。(段落《だんらく》の番号)⑥・⑧
(4)五十三分間
(5)⑦
(6)①(順《じゅん》に)れい度・三
②れい下三度
③(風のよくあたる)庭先

2 (1)Aア Bエ Cウ
(2)ふろにちょうど水がたまったかどうかを知る方法(について)。
(3)・水道から出る水の音に注意する(方法)。
・水をためるのにかかる時間を計ってみる(方法)。

読み取りのコツ
観察《かんさつ》・記録文は、ある目的《もくてき》をもって、観察したことを記録した文章で、わたしたちの目や耳や心をはたらかせて、例《たと》えば生物などの成長《せいちょう》記録を毎日たんねんに記録したものです。長さ、大きさ、変化《へんか》する様子、新しい発見(おどろき)の記録が重《じゅう》要《よう》です。
読むときに気をつけることは以下《いか》のとおりです。
(1)何を観察しているのか。
(2)何のために書かれているのか。
(3)どういう順序《じゅんじょ》で書かれているか。
㋐場所・時間・何が大切か。

㋑変化している様子は。

⑷㋒目や耳や気持ち、色や形などはどうか。

段落《だんらく》の中心になることは何か。

⑸日時・温度などが記録されているか。

⑹小見出しやかじょう書きの部分が表すことは何か。


こういうことに気をつけて読みましょう。正確《せいかく》に見たことを、事実に照《て》らして読むことが必要《ひつよう》です。

23 伝記

標準クラス 108～109ページ

❶ ⑴とくに仕事につくした人。
⑵(ほんとうに、)山一すじに生き、自然を愛し、多くの人々のためにつくしたから。

❷ ⑴ファーブル
⑵(例《れい》)こん虫の観察記録をして「昆虫記」を書いた人。

⑶科学の本である「昆虫記」で物語や詩のように、いきいきと、こん虫のありさまをえがき出しているから。

⑷顔は日に焼けて、農夫のようになった。(また、よく虫めがねをのぞくので、)左のまゆ毛は、レンズの形に曲がるほどであった。

❸ ⑴エジソン ⑵ウ
⑶いろいろなもの音に気をとられないで、身を入れて考えることができるから。

❹ ⑴新美南吉
⑵どんなに人からにくまれても、どこまでも真心でもって人につくすというところ
・母親のあいじょうに気づくあたたかさ
⑶「ごんぎつね」「てぶくろを買いに」(ほかに「おぢいさんのランプ」「花のき村と盗人《ぬすびと》たち」など)。

考え方

❶❷だれの伝記《でんき》で、どんなことをしたかを具体《ぐたい》的《てき》に読み取りましょう。
❸エジソンが体験《たいけん》した一つのできごとについて書かれています。エジソンがそのあとどんな気持ちで仕事に打ちこんでいったかを読み取っていきましょう。

ここに注意

❶つなぎ言葉、こそあど言葉に注意して事がらのつながりに着目しましょう。

ハイクラス 110～111ページ

❶ ⑴ウ ⑵イ ⑶② ⑷③
❷ ⑴イ ⑵ウ ⑶ポーランドがロシアによっておさめられていたから。
⑷(よその国におさめられていても)自分の国のことばで、自分の国のことを勉強していった。

考え方

❷⑷「心ある人」＝深い考えがある人

読み取りのコツ

伝記《でんき》は、ある人のすぐれた行いや、生《お》いたちを書いた文章です。こういう文章では、その人のすぐれた生き方や行いをしっかりと読み取り、どう自分たちの生き方にいかしていくかを考えることが大切です。そのためには、次のことに気をつけるようにしましょう。

⑴伝記は、ふつうその人の生いたちや、残《のこ》した仕事などが、段落《だんらく》に分けて順序《じゅんじょ》よく書かれていますから、順を追って読んでいきます。

⑵その時代の人びとの考え方や行いを、くらべ合わせながら読んでいきます。

⑶その人のなしとげた仕事や生き方のどこがりっぱなのかを考えて、自分の言葉で感想を書いてみます。

⑷その人についての年表を作ったり、文章の組み立てについて調べたりします。

チャレンジテスト⑩ 112～113ページ

① ⑴「おおみずあお」が家の中にまいこんできたこと。
⑵やわらかい毛に包まれたまっ白いどうと、大きな水色のはねをもった
⑶①たまご ②よう虫
⑷十(日め) ⑸あんずの葉
⑹(だっ皮前)黒っぽい色
(だっ皮後)(頭)茶色 (全身)美しい緑色
⑺イ

② ⑴イ
⑵・マッチばこのような、小さな電車
・十二ひとえを着たおひめさまのような北上の山々
・美しいからだを雲にまかれた岩手山

3
(2)(1)イ
(2)(例《れい》) 磐梯山のいだいなすがたに心をうたれたから(大自然のいだいなすがたにくらべて、めそめそしている自分が小さく思えたから)。

ここに注意

1 (7)「記録文」にも見学記録、実験《じっけん》記録、研究記録などさまざまな種類があります。

そう仕上げテスト①

114～117ページ

1
(1)さくのなか～小さな空間
(2)うさぎに(お)みずをやる作業。
(3)イ (4)うさぎ小屋のなか
(5)自分(ぼく)の妹である舞衣がいじめられることは、自分(ぼく)もやられることだから。

2
(1)ウ (2)(順《じゅん》に)ニオイ・受信
(3)植物は香り～あっている
(4)(例《れい》)夜かつやくする昆虫のたすけをかりて、花粉の交配をするため。
(5)ア

3
(1)春 (2)ウ
(3)(例)満開の桜を楽しむことができる時間。

考え方

1 (3)――線③の三行あとに「舞衣は泣《な》いて……黒くなっていた。」とあります。
(4)「動物の様子を通して」とあるので、「二《に》羽《わ》のうさぎはからだじゅうが土まみれ」で「まるでもぐらのよう」という様子がえがかれた一文をぬき出しましょう。
(5)――線部④の二行前に「舞衣がいじめられることは、ぼくもやられることなのだ。」とあります。「ぼく」の兄としての気持ちを読み取りましょう。

2 (1)[3]に「青くさいニオイが、近くの柳《やなぎ》にとどくと、……身をまもる」とあるのは、近くの柳が、青くさいニオイできけんを知って身をまもるということです。
(2)[4]に、実験でどんな働《はたら》きがあるのかをたしかめようとしたのかが書かれています。
(3)[2]～[6]で書かれている植物同士《どうし》の通信《つうしん》についてまとめた部分です。あとの段落《だんらく》で述《の》べることを、[1]でも一度たとえで示《しめ》していたことをおさえましょう。
(5)[1]～[7]が、植物同士の香《かお》りによる情報《じょうほう》のやり取りについて述べた部分、[8]～[10]が植物と昆虫《こんちゅう》の香りによるやり取りについて述べた部分、[11]が両方をまとめた部分です。

3 (1)「桜」の詩なので季節《きせつ》は「春」です。
(2)アはたとえの説明になっておらず、イのようなことまでは読み取れません。
(3)「桜につつまれたような時間」など、自分の言葉で書けていれば正かいです。

そう仕上げテスト②

118～120ページ

1
(1)イ
(2)エ (3)ウ
(4)ア (5)ウ

2
(1)2(行目)～3(行目)
(2)ウ (3)5(行目)
(4)(例《れい》)(人間として)誰かに気付いてもらったり、感謝されたりしたい(と思っている。)

3
(1)小さい連中の玩具のつもり
(2)何かに驚くと、ふいに飛び立ってガラス戸にぶつかり、すぐ落ちてしまう。(34字)
(3)親雀たち(が)「私」が(かごに)近づいてきたこと(に気がついた。)
(4)子雀はかご～れていた。

考え方

1 (1)この場面で中心になるのは、小舟《こぶね》の上で足をふんばっている「小犬」です。小犬はそのあとの場面でも重要な存在《そんざい》です。
(3)「ふん、これならええ」が、小犬の様子に目を留《と》めているときの、長六《ちょうろく》の気持ちです。

2 (1)2～3行目の「誰《だれ》にも～生かしてる」は空気の特《とく》ちょうです。
(2)アは、同じ文字数なのは「すべての行」ではないのでちがいます。イの音や声を表す言葉は使われていません。エは、対にして使われている反対語がないのでちがいます。1行目と4行目で、同じ言葉の行を使って調子をそろえています。
(3)「空気みたいになりたい」という前半と、「人間としてどう思っているか」の後半に、「でもね」(5行目)から分かれています。
(4)「誰かに気付いてもらいたい」(7行目)と「誰かに感謝されたい」(8行目)の二つの部分をおさえてまとめましょう。

ここに注意

1 (5)「長六が小舟を石浜《いしはま》におし上げる間も待ち遠しくて、すねまで波につかって」や、「うれしそうにだき上げて」などから、冬彦《ふゆひこ》の「うれしくてたまらない」気持ちを読み取りましょう。

3 (4)子雀《こすずめ》がヘビにおそわれている部分を読み取りましょう。句読点《くとうてん》も一字と数える点に注意します。「一文」とあるので、最後の「。」まで書くようにしましょう。